KB238839

북경어언이 뽑은
"한국인 초심자가 잘 틀리는 중국어"

중국어 함정 228

편저자 叶盼云 · 吴中伟   역자 임승배

(주)시사중국어사
www.chinasisa.com

序

　　1998年9月，我受复旦大学委派去韩国圆光大学中文系讲学，认识了该系的李宇正、林承坯、金仁喆三位教授。他们全身心地投入汉语及汉文化的教学和研究工作，以及韩国学生学习汉语的积极热情和认真态度，都给我留下了深刻的印象。因此当三位教授看到我和吴中伟博士合作的新著《外国人学汉语难点释疑》(北京语言文化大学出版社, 1999. 5)一书，提出希望把该书翻译成韩文时，我欣然应允帮他们去北京语言文化大学出版社了解有关版权事宜。如今在三位教授的通力合作下，《外国人学汉语难点释疑》韩文译本终于问世了。借此机会，谨向他们表示衷心的祝贺和感谢。感谢他们在工作十分繁忙的情况下，把《外国人学汉语难点释疑》介绍韩国的广大读者，为中韩两国的文化交流作了一件有意义的实事。

　　《外国人学汉语难点释疑》是为具有初、中级汉语水平的外国人学习汉语编写的一本参考书。本书列出的200多个问题，都是外国人在学习汉语时经常出现的错误和疑问。通过大量典型正反例句的比较和分析，简明扼要地解说了汉语的一些较为复杂难懂的词汇和语法问题，让读者既知其然，又知其所以然。该书还可以作为辅导外国人学习汉语的教学参考用书。

　　《外国人学汉语难点释疑》出版后，受到了学汉语的外国人和教外国人学汉语的中外教师的欢迎和好评。我希望并相信《外国人学汉语难点释疑》韩文译本的出版，将有助于韩国人更好地学习和了解汉语的特点和规律，推进对外汉语教育事业的发展。

复旦大学 国际交流学院教授　叶盼云

2001年9月

서

　1998년 9월부터 1년 간 한국의 원광대학교 중문과에서 강의하라는 명을 받고, 이우정, 임승배, 김인철 세 분 교수를 알게 되었다. 성심으로 중국어 및 중국 문화를 연구하고 가르치는 이분들과 중국어를 학습하려는 학생들의 적극적이고 진지한 태도는 내게 깊은 인상을 남겼다. 때문에 이분들이 나와 吳中偉 박사가 함께 새로 저술한 《外国人学汉语难点释疑》(북경어언문화대학출판사, 1999. 5)를 보시고, 이 책을 한국어로 번역하고 싶다고 제안하셨을 때, 나는 흔쾌히 북경어언문화대학출판사와의 판권 업무를 도와드리겠다고 대답하였다. 그리고 세 분 교수의 혼신의 노력과 협조 아래 《外国人学汉语难点释疑》의 한국어 번역본이 마침내 출간되었다. 이 기회를 빌려 이분들에게 진심으로 축하하고 또 감사를 드린다. 아주 바쁜 가운데도 《外国人学汉语难点释疑》를 한국의 많은 독자들에게 소개함으로써 양국의 문화 교류에 의미 있는 일을 해주신 점 특히 감사 드린다.

　《外国人学汉语难点释疑》는 초급이나 중급 정도의 중국어 실력을 지닌 외국인들을 위해 엮어낸 참고서라 하겠다. 이 책에 제시한 200여 개의 문제는 모두 외국인들이 중국어를 학습할 때 자주 범하는 잘못과 궁금해하는 사항들이다. 바르거나 잘못된 전형적인 많은 예문을 비교하고 분석해 나가면서 복잡하고 까다로운 단어와 어법의 몇몇 문제점을 간단명료하게 해설함으로써 독자들이 그 까닭을 제대로 이해할 수 있게 하였다. 이 책은 또 중국어를 학습하는 외국인의 강의 교재로도 활용할 수 있을 것이다.

　《外国人学汉语难点释疑》는 중국 북경에서 출판된 뒤 중국어를 학습하는 외국인과 외국인을 가르치는 중국인 혹은 외국인 교사 모두에게 환영받았고 또 호평도 받았다. 한국인이 중국어의 특징과 규율을 보다 잘 이해하고 익히는 데 《外国人学汉语难点释疑》의 번역본이 많은 도움이 되고, 외국에서의 중국어 교육이 더욱 발전할 수 있기를 희망하고 또 이를 확신한다.

복단대학 국제교류학원 교수 엽반운

2001년 9월

머리말

이 책 『초중급 중국어 난점해결』은 1998년 9월부터 일 년 간 원광대학교에서 교환교수로 계시던 上海 復旦大學 國際交流學院 소속 葉盼云 교수께서 지은 책입니다. 저자는 여러 해 동안 復旦大學 國際交流學院에서 외국인을 가르친 경험을 통하여 외국인이 중국어를 학습하면서 종종 혼동을 일으키는 어휘나 어법 문제 등을 발견할 수 있었다고 합니다. 저자는 이 책에서 이런 문제들을 중심으로 적합한 예문을 들어 비교분석하고 해설을 곁들여 간단명료하게 설명하고 있습니다. 때문에 이 책은 중국어를 배우는 외국인들에게 보다 쉽고 정확하게 중국어를 구사할 수 있도록 도움을 주는 아주 훌륭한 참고서라고 할 수 있습니다.

필자는 또한 이 책의 이러한 특징이 중국어를 배우려는 우리 나라의 학생이나 일반인들이 학습 과정에서 필연적으로 자주 접하게 되는 어휘의 선택이나 어법의 활용 등 중국어 표현에 있어 혼동하기 쉬운 애매한 문제들을 비교적 쉽게 해결해줄 수 있다고 믿습니다. 특히 漢語水平考試(HSK)를 준비하는 학생들이나 앞으로 중국어를 가르치게 될 예비교사들에게도 자신의 중국어 수준을 한 단계 높이는 데 큰 도움이 될 것이라 생각되어, 이 책을 본교 교육대학원 교재로 사용하였습니다. 이 책을 학습한 학생들이 이구동성으로 이 책이 지닌 장점을 지적해준 덕분에 보다 많은 사람들이 참고할 수 있도록 이처럼 번역하여 소개하게 되었습니다.

이 책을 번역하는 데 있어 본교 교육대학원 교재로 사용하며 많은 도움을 주신 김인철 교수님, 이우정 교수님, 그리고 자료 정리와 교정 등 힘든 작업을 마다 않고 애써준 이상일, 이지은, 정은영, 문연실, 조정훈, 이은하, 이진숙, 오제오, 윤현미, 김지선, 한수영 등 교육대학원 학생들에게 깊은 감사의 뜻을 전합니다.

역자의 능력 부족으로 번역에 미숙한 부분이나 오역도 있으리라 생각됩니다. 이 책을 읽고 학습하는 많은 분들의 아낌없는 질정을 부탁 드리면서, 이 책을 출판하도록 도움을 주신 葉盼云 교수님과 北京語言文化大學出版社, 그리고 시사에듀케이션에 감사의 말씀을 전합니다.

2001년 9월 임승배

CONTENTS

CONTENTS

先生_과 老师

"先生"은 지식 수준이 비교적 높은 사람을 칭하는 말이다. 일례로 대학의 선생님을 "先生"이라고 칭하여 "王先生教我们汉语。"라고 말하기도 한다.

"先生"은 일상 생활에서의 일반적인 호칭으로도 쓰인다. 보통 여자는 "太太", "小姐", "女士"라 부르고, 남자는 "先生"이라고 부른다. "先生"은 자신 혹은 상대방의 남편을 가리키기도 하는데, 이때는 "~의"를 나타내는 인칭대명사가 앞에 놓인다.

　① 他是我先生。

　② 你先生在哪儿工作？

하지만 다른 사람에게 자신의 선생님을 소개할 때, "他是我的先生"이라고 말하지는 않는다. 상대방이 남편을 소개하는 것으로 오해할 수도 있기 때문이다. 이 경우에는 "他是我的老师"라고 해야 한다.

北方人·南方人과 东方人·西方人

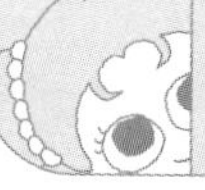

"北方人"·"南方人"과 "东方人"·"西方人"은 같은 뜻이 아니다.

한 나라의 지역은 주로 "北方"과 "南方"으로 나뉜다. 중국도 마찬가지다. 일반적으로 양자강 북쪽 지방을 "北方", 남쪽 지방을 "南方"으로 구분하여 북쪽 사람을 "北方人", 남쪽 사람을 "南方人"이라고 칭한다.

기타 여러 나라에도 "北方人", "南方人"이라는 호칭이 있다. 그러나 같은 나라 국민을 "东方人", "西方人"으로 구분하여 부르지는 않는다. 게다가 중국어로 "东方人", "西方人"이라고 할 때는 다른 의미가 있다. 중국인, 일본인, 한국인 등 동양인을 "东方人", 미국인, 영국인, 프랑스인 등 서양인을 "西方人"이라 칭한다.

물론 같은 나라 안의 지역을 "东部"와 "西部"로 나누어 "中国东部沿海地区、西部内陆地区。"라고 말할 수는 있지만 중국어에 "东部人"과 "西部人"의 구별은 없다.

3 意思의 여러 가지 뜻

"意思"는 여러 가지 뜻을 가지고 있다.

첫째, 언어나 글자에 내포된 뜻, 혹은 문장에 담긴 사상 내용을 나타낸다.

① 请你解释一下这个句子的意思。

② 这篇文章的意思你弄懂了没有？

둘째, 의견·바람을 나타낸다.

③ A：这件事你问过王厂长了吗？他是什么意思？

　 B：我问过了。王厂长的意思是他不同意这么做。

④ 我们有跟他们合作的意思，不知道他们是什么意思。

셋째, 재미·취미 따위를 나타낸다.

⑤ 星期天从早到晚呆在家里，太没意思了。

⑥ 这个故事很有意思。

넷째, 선물로 마음을 대신할 때 '성의', '마음'의 의미를 나타낸다. ABAB의 중복 형식으로 쓰일 때는 동사로도 쓰인다.

⑦ 这是我的一点小意思，请收下吧。

⑧ 这件事你想请他帮忙，一定要先给他意思意思。

다섯째, 어떤 일의 경향, 낌새나 기색, 상황을 나타낸다.

⑨ 才过五月，已经有点儿夏天的意思了。

⑩ 我看王强对马兰有意思。(王强暗暗爱上了马兰)

여섯째, 상대방의 언행이 이해가 가지 않거나 불만스러울 때, "你(他)这是什么意思"라고 말하는데 이는 상대를 책망하는 어감을 가지고 있다. 말할 때는 악센트를 "这"혹은 "什么"에 둔다. 다음 ⑪, ⑫와 ③, ④에 쓰인 "意思"의 용법이 어떻게 다른지 비교해보자.

⑪ A : 喂，你到底买不买，别站在这儿影响别人。

　　B : 你这是什么意思，看看不可以吗？

⑫ A : 医生说要住院先得付两千元。

　　B : 他这话是什么意思，总不能见死不救吧。

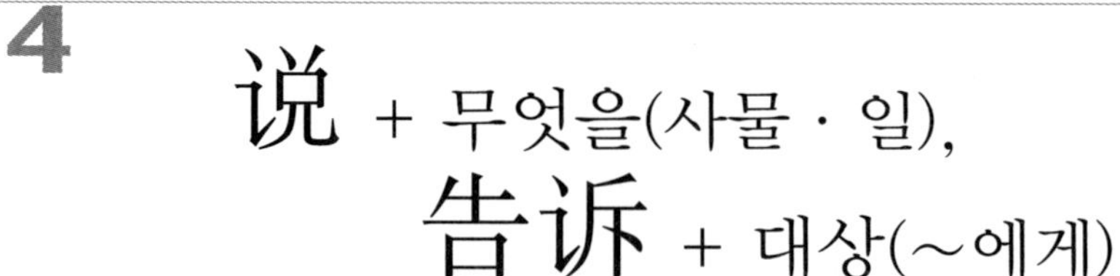

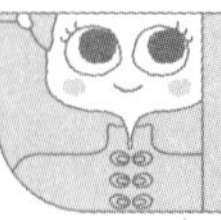

"说"와 "告诉"는 둘 다 의미적으로는 '말하다, 알려주다' 의 뜻을 가지고 있지만 취하는 목적어가 다르다.

[说의 용법 | 说 + 내용]

① 他说 : "我早知道了。"

② 他说他早知道了。

③ 他说过这件事。

④ 请你说一说这两个词的区别。

[告诉의 용법 | 告诉 + 사람(+ 내용)]

⑤ 他告诉我他早知道了。

⑥ 他告诉我一件事。

⑦ 他告诉过我。

다음 문장을 비교해보자.

⑧ 他告诉我一件事。

⑨ 他说我一件事。(×)

⑩ 他对(跟)我说一件事。

"说"와 "告诉"가 비슷한 뜻으로 쓰일 때, "说"의 경우 바로 뒤에 '~에게'에 해당하는 간접목적어(사람)가 올 수 없으므로, "对 / 跟 + 사람 + 说"의 순서로 말하며 그 뜻은 "告诉 + 사람"에 해당한다.

▶ **对 / 跟 + 사람 + 说 = 告诉 + 사람**

"说"는 "说说", "说了说", 说一说, "说一下"라고 말할 수도 있다. "告诉"는 "告诉 + 사람 + 一下儿"의 형태로 말할 수 있으며, "告诉告诉", "告诉了告诉", "告诉一告诉"의 형태로는 말할 수 없다.

"说" 뒤에 사람이 목적어로 오는 경우도 있다. 이 경우의 사람은 간접목적어가 아니라 직접목적어이다.

⑪ 她常常迟到，老师说过她很多次，她还是老样子。

⑫ 这么晚了，我再不回去，我妈该说<u>我</u>了。

⑪와 ⑫에서 "说"의 목적어는 "她", "我"이다. 이때 "说"는 '책망하다, 꾸짖다'의 의미를 지닌다.

▶ 说(비난, 책망하다) + 사람

说나 告诉를 써서 빈칸을 채워봅시다.

1 这件事请你别 _______ 他。

2 你有什么困难就 _______ 我吧。

3 你有什么困难就跟我 _______ 吧。

4 这孩子太不像话了，等他回家后我一定要好好儿 _______ 他。

5 他 _______ 我他今年春节不想回去了。

5 参观 과 访问

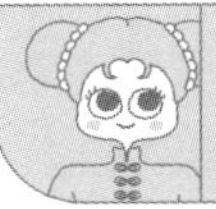

“参观”과 “访问”은 모두 '방문하다' 의 의미이지만 이 두 가지를 임의로 바꿔 쓸 수는 없다.

　① a : 上星期我们访问了一位老农民。

　　 b : 上星期我们参观了一位老农民。(×)

　② a : 我想去参观那个图书馆。

　　 b : 我想去访问那个图书馆。(×)

“参观”은 현지에 그곳의 각종 물건을 관찰하러 가는 것이다.
“访问”은 어떤 곳에서 목적을 가지고 다른 사람과 얘기를 나누는 것이며, 그 대상은 사람이다.

　③ a : 我们参观了复旦大学。

　　 b : 我们访问了复旦大学。

③의 a는 복단대학의 교정이나 교학관, 도서관, 학생기숙사, 식당 등을 보고 왔다는 말이다. ③의 b는 문장의 주어가 복단대학의 교수, 학생들과 같이 이야기를 나누었으며, 대화를 통해 복단대학의 상황을 이해했음을 나타낸다. 따라서 “我们参观并访问了复旦大学”(우리는 복단대학을 견학하고 방문했다)라고 말할 수도 있다.

아래의 문장을 보면 “参观”과 “访问”의 다른 용법을 분명하게 구분해낼 수 있다.

④ a：你们<u>参观</u>了哪些地方？

　 b：你们<u>访问</u>了谁(哪些人、什么人)？

　 c：你<u>访问</u>过哪些国家(城市)？

다음 구를 읽고 参观과 访问의 용법 차이를 정리해봅시다.

参观工厂　　　　　　访问工厂

参观农村　　　　　　访问农村

参观展览会　　　　　访问朋友(老师)

参观博物馆　　　　　访问中国(上海 、北京)

参观名胜古迹　　　　访问一位有名的作家

参观杨浦大桥

参观老师的家

参观新建的电影院

6

知道 · 认识와 熟悉

"知道某个人"이 반드시 "认识某个人"의 의미는 아니며,
"认识某个人"이 반드시 "熟悉某个人"의 의미는 아니다.

"知道"의 목적어는 어떤 사람, 어떤 곳, 어떤 물건이다. "知道某人"은 어떤 사람의 이름, 혹은 그와 관계 있는 사실을 들어본 적은 있지만 그 사람을 직접 만난 적은 없는 경우를 말한다. "很知道", "知道知道"라고는 말하지 않는다.

"认识"의 대상은 어떤 사람, 어떤 곳, 어떤 물건이다. "认识某人"은 그 사람 혹은 그의 사진을 보고 그 사람이 어떻게 생겼는지를 알지만 그 사람은 당신을 모를 수도 있음을 의미한다. 또는 서로 만난 적이 있고, 서로 아는 경우일 수도 있다. 사람들은 처음 만나면 항상 "认识您我很高兴"이라고 말한다.
"很认识"라고 말하진 않지만, "认识认识"라고 할 수는 있다. 예를 들어, 당신이 서로 모르는 두 사람을 서로에게 소개할 때 "你们俩认识认识吧"라고 할 수 있는 것이다.
사물의 본질, 특징, 규율(규칙)을 분별하고 가려내는 능력을 가리키는 "인식 능력"을 "认识能力"라고 한다.

"熟悉"는 어떤 사람이나 어떤 장소의 상황에 대해서 아주 잘 알고 있는 경우에 쓰인다. "熟悉"의 앞뒤에 정도를 나타내는 부사를 사용할 수 있다. 예를 들어, "很熟悉", "熟悉得很"이라고 할 수 있고 "熟悉熟悉"라고 말할 수도 있다. 그러므로, "你刚来, 应该先熟悉熟悉这儿的情况"이라고 말할 수 있고 "对人, 情况很熟悉"라고 발할 수도 있다.

그러나 "知道某个人"이 반드시 "认识某个人"의 의미는 아니며, "认识某个人"이 반드시 "熟悉某个人"의 의미는 아니다. "知道"에서 "认识", "认识"에서 다시 "熟悉"까지는 반드시 어느 정도 시간을 두고 접촉하고 교류를 해야 한다.

知道, 认识 혹은 熟悉를 써서 빈칸을 채워봅시다.

1 你 _______ 新华电影院在哪儿吗？

2 师傅，你 _______ 去新华电影院的路吗？

3 你 _______ 去新华电影院怎么走吗？

4 小强，你怎么不 _______ 我了，我是你叔叔啊！

5 我们俩以前不 _______ ，只 _______ 对方的名字。现在我们
  俩非常 _______ ，是好朋友。

6 我们俩 _______ ，但是互相不 _______ 。

7

搞와 弄

"搞"와 "弄"은 모두 "做"의 의미를 지니고 있으며 다른 동사를 대신할 수도 있다. 그러나 뒤에 오는 목적어가 서로 다르며 동사의 의미도 다르다. 이 두 동사의 목적어가 단음절일 경우는 아주 드물다.

"搞"와 "弄"이 같은 용법으로 쓰이는 경우는 다음과 같다.

첫째, '대책을 강구하다' 는 의미이다.
    ① 你从哪儿搞(弄)到了两张电影票？
    ② 肚子饿了，搞(弄)点儿什么吃的？

둘째, 뒤에 보어가 온다. 이때 보어로 쓰이는 단어는 일반적으로 "错", "清楚", "明白", "乱七八糟", "好", "丢", "成", "通", "出来" 등이다.
    ③ 对不起，我搞(弄)错了你们俩的名字。
    ④ 我搞(弄)不清楚"了"的用法。
    ⑤ 我把电影票搞(弄)丢了，怎么办？
    ⑥ 你们怎么把房间搞(弄)成这个样子？
    ⑦ 房间刚刚搞(弄)好，又被孩子们搞(弄)得乱七八糟。
    ⑧ 事情到现在还没搞(弄)出个结果来。

[**"搞"**로 만든 구와 의미]

1. 搞工作 : 어떤 일에 종사하다.

　　① 他是搞古代文学的。

　　② 大家一起把环境卫生搞好。

2. 搞关系 : 관계를 맺다.

　　这个人搞关系很有一套办法。

3. 搞好关系 : 좋은 관계를 유지하다.

　　朋友间应该搞好关系。

4. 搞活动 : 행사(활동)를 조직하다.

　　每年四月, 学校都搞一次教学活动。

5. 搞对象 : 애인을 구하다.

　　听说你搞上对象了?

6. 搞上去 : 나쁜 상황을 좋은 방향으로 발전시키다.

　　大家决心把生产搞上去。

7. 搞下去 : 계속하다.

　　试验虽然失败了, 但还要搞下去。

8. 搞鬼 : 뒤에서 불미스러운 일을 하다.

　　怎么自行车又没气了, 是谁搞的鬼?

9. 搞花样 : 기발한 솜씨를 부리다, 속임수를 쓰다.

　　① 他喜欢在晚会上搞些新花样, 使晚会开得更加热闹。

　　② 这个人卖东西很不老实, 常常在分量上搞花样。

10. 搞定 : 일을 결정했거나 문제가 해결되다.

　　房子的事到现在还没搞定。

[**"弄"으로 만든 구와 의미**]

1. 弄花弄草、弄游戏机、弄着玩 : 손으로 가지고 놀거나
   만지작거리다
2. 弄饭、弄菜 : 하다, 만들다
3. 弄开、弄好 : 방법을 생각해서 하다
   瓶盖弄不开。
   他把自行车弄好了。

<table>
<tr><td>8</td><td>以为와 认为</td></tr>
</table>

以为와 认为

"以为"는 주로 추측한 결과가 사실과 일치하지 않는 경우에 쓰인다.

"我认为今天不会下雨"와 "我以为今天不会下雨" 두 문장의 의미
는 같을까?

"以为"와 "认为"는 모두 사람이나 사물에 대한 어떤 추측을 나타
낼 수 있다. 위의 두 문장에서는 모두 오늘 비가 오지 않을 것이라고
추측하고 있지만 "以为"는 추측한 결과가 사실과 일치하지 않는 경
우에 더 많이 쓰인다. 그래서 "我以为今天不会下雨"는 자신의 추

측이 틀렸다는 의미를 내포하고 있으므로, 사실은 이미 비가 왔거나 곧 비가 올 것이라는 말이다.

이에 비해 "认为"는 객관적으로 사물이나 사람에 대해서 정확한 견해나 판단을 나타낸다.

아래 예문들을 비교해보자.
① 原来你们俩认识啊，我<u>以为</u>你们是第一次见面呢。
② 马丁，你也来了，我们都<u>以为</u>你已经回国了。
③ (看到商品上印着 Made in China 后说) "我<u>以为</u>是进口的呢。"
④ 我<u>认为</u>这件事肯定不是张明干的。
⑤ 既然大家都这么<u>认为</u>，那我也同意你们的看法。
⑥ 你们<u>认为</u>应该怎么办，请各人谈谈自己的想法。

"认为"는 피동문에도 쓰일 수 있지만 "以为"는 앞에 "被"를 쓴 피동문에 쓰일 수 없다.
⑦ 马丁被大家<u>认为</u>是学得最好的学生。
⑧ 他的话被<u>认为</u>是没有根据的。

 **认为나 以为를 써서 빈칸을 채워봅시다.**

1 我 _______ 今天下午没有课，所以没去上课。

2 你做的 "好事" 别 _______ 别人不知道。

3 你为什么 _______ 这件事一定跟老王有关系？

4 大家都 _______ 他的病治不好了，可是张医生却 _______
  还有治好的希望。

9

了解와 理解

"**了解**"는 '아주 명확하게 알고 있다'와 '알아보거나 조사하다'라는 두 가지 의미가 있다. "**理解**"는 왜 이렇게 되었는지 내막을 아는 경우에 쓰이며 "**原谅**"의 의미를 포함하고 있다 .

"了解"에는 다음 두 가지 의미가 있다.

첫째, 아주 명확하게 알다.

① 他们俩早就认识了，彼此非常了解。

② 他很了解中国的历史和文化。

③ 我们不了解事故发生的原因。

둘째, 알아보다. 조사하다.

④ 请你了解一下最近的天气情况。

⑤ 去那儿了解了一天，什么情况都没了解到。

⑥ 医生应该及时了解病人的情况。

"理解"에는 "了解"의 의미가 있기는 하지만 "了解"가 가지고 있는 '알아보다, 조사하다'의 뜻은 없다. "理解"는 판단과 추리를 통해 왜 이렇게 되는지를 알고 이해했다는 뜻이며 '이해하다(了解)'라는 의미 외에 '용서하다(原谅)'의 의미도 포함하고 있다. "理解"는 "了解"보다 더 깊은 의미를 가지고 있다.

아래의 두 가지 예를 비교해보자.

① a : 他很<u>了解</u>我。

   b : 他很<u>理解</u>我。

② a：我们应该互相<u>了解</u>。

　 b：我们应该互相<u>理解</u>。

①의 a는 그가 나의 상황(개인 경력, 습관, 취미, 사상 등)을 분명하게 알고 있다는 의미이다.

①의 b는 그가 나를 잘 이해하기 때문에 내가 왜 이렇게 생각하고, 말하고, 행동하는지를 분명히 안다는 뜻이다.

②의 a는 쌍방이 서로 알게 된 후 상대방의 여러 가지 상황을 더 잘 알아야 한다는 의미이다. 즉, 상대방이 무엇을 생각하고 어떻게 행동하는지를 이해해야 한다는 것이다.

②의 b는 서로를 이해하고 있는 상황에서 의견의 불일치를 없애고, 서로 존중하고 용서하고 사이좋게 지내야 한다는 것을 의미한다. 사람들이 흔히 "理解万岁"라고 말하지 "了解万岁"라고는 말하지 않는 것도 "理解"가 "原谅"의 뜻을 포함하고 있기 때문이다.

"了解"와 "理解"의 사용법을 비교해보자.

	了解	理解
①	반대말 어휘 없음	반대말은 "误解"
②	了解了解	理解理解（×）
	了解一下	理解一下（×）
③	了解过 + <u>사람 또는 사물</u>	理解过 + <u>사람 또는 사물</u>（×）
④	进行了解	进行理解（×）
⑤	深入了解	深入理解（×）
	深刻了解	深刻理解
⑥	向 <u>사람</u> 了解 ___	向 <u>사람</u> 理解 ___（×）
⑦	了解得很清楚	理解得很正确
⑧	了解错了（×）	理解错了

⑨	了解不了（×）	理解不了
⑩	对……表示了解（×）	对……表示理解
⑪	发生这样的事真不可了解（×）	发生这样的事真不可理解
⑫	得到(赢得) 사람 的了解（×）	得到(赢得) 사람 的理解
⑬	了解了很长时间	理解了很长时间（×）
⑭	了解(能)力强（×）	理解(能)力强

了解나 理解를 써서 빈칸을 채워봅시다.

1 他们才认识了三个月，互相还不太 _______ 。

2 这件事我不能帮助你，希望你能 _______ 。

3 这些词语的意思差不多，我 _______ 不了它们的区别。

4 我真的不 _______ 他有什么想法。

5 我真的不 _______ 为什么他有这样的想法。

10

变과 变化와 变成

"变"은 동사로서 성질, 상태, 상황이 예전과 달라졌음을 나타내는데,
뒤에 종종 보어를 동반하여 달라진 결과나 상황을 설명한다.

[变 + 형용사 + (了)]

变好	变坏	变胖	变瘦	变黑	变白
变冷	变热	变酸	变宽	变老实	变聪明
变糊涂	变年轻	变热情	变漂亮	变勤快	

[变 + 得 + 형용사 / 구]

变得聪明了	变得很勤快
变得多么奇怪	变得像孩子一样
变得连我都不认识了	变得更方便了
变得懂事了	变得越来越年轻了

"变" 뒤에는 바로 명사형 목적어가 올 수 있는데 대부분 고정된 형태
이다.

变味儿	变样儿	变调	变脸	变(颜)色
变天	变主意	变心	变魔术	变个法子

"变"은 "变过来" 혹은 "变过去"의 형태로 쓰이기도 한다.

"变化"는 의미적으로는 "变"과 같지만 사물의 형태 혹은 본질상에 나타난 새로운 상황에 주로 쓰인다. 위에 예로 든 "变"으로 된 구의 경우에도 "变"을 "变化"로 바꾸어 쓸 수 없다. 그러나 어떤 문장에서는 "变"이나 "变化" 모두 사용 가능하다.

    ① 社会在变(化)，人的思想也在变(化)。

    ② 他的地位变(化)了，态度跟从前也不一样了。

    ③ 形势变(化)得太快了。

    ④ 他告诉我情况变(化)了。

    ⑤ 日程安排变(化)了好几次。

    ⑥ 这台游戏机可以变(化)出许多新花样。

"变化" 뒤에 바로 목적어가 오는 경우는 드물다. 자주 쓰이는 구문으로는 "发生变化", "随……而变化", "出现变化", "起变化", "正在变化", "有(没有)变化" 등이 있다.

"变化"가 명사로 사용될 때는 앞에 수식어나 설명의 단어가 온다. 예를 들면, "新(的)变化", "很大(的)变化", "有趣的变化", "思想感情的变化", "气候变化", "物理变化", "这(那)种变化" 등이 있다.

"变化"는 "变化不定", "变化多端" 등의 어구로 표현할 수 있다.

"变成"은 하나의 성질이나 혹은 상태로부터 다른 성질이나 상태로 바뀌는 것을 나타낸다. "成"은 "变"의 결과보어로 일반적으로 "A 变成 B"의 형식을 사용하며 "变成" 뒤에는 반드시 "变"의 결과를 설명하는 단어나 어구가 따라와야 한다.

    ① a：这条小路变宽了。

       b：这条小路变成了宽阔的大路。

② a：他的头发变白了。

   b：他的黑发变成了白发。

③ a：他想让自己变得聪明起来。

   b：他想让自己变成一个聪明的人。

④ a：上海的晚上变得越来越明亮、越来越热闹了。

   b：上海变成了一座不夜城。

变, 变化 혹은 变成을 써서 빈칸을 채워봅시다.

1　几年不见，我 ______ 了老太婆了，你却 ______ 了老头子了。

2　小王，你的发型 ______ 了样了，真好看。

3　你说说这几年学校有什么 ______ 。

4　这鬼天气，说 ______ 就 ______ 。早上还是好好的，怎么会下这
　　么大的雨？

表达와 表示와 表现

“表达”는 동사로, 언어나 문자를 통해서 사람의 생각이나 감정을 말하거나 쓰는 것이다. 또한 언어와 문자를 구사하는 능력을 가리킨다.

① 这首诗表达了诗人对生活的热爱。

② 我无法用语言来表达对你们的感激之情。

③ 他的英语口语表达能力很强。

“表示”가 동사로 쓰일 때 목적어는 일반적으로 태도나 의견을 설명하는 말들이다.

表示感谢	表示欢迎	表示满意	表示友好
表示关心	表示赞成	表示愿意	表示同意
表示反对	表示决心	表示观点	表示同情

사람의 태도나 의견이 언어나 동작 · 표정을 통해서 나타나고, 또한 특정한 사물이나 부호를 통해 특정한 뜻을 나타낼 때 “A表示B”의 형태로 쓰인다.

红色表示吉祥　　点头(鼓掌)表示同意(긍정)

“＞”表示“大于”　　“P”表示可以停车的地方

“对(向) + 사람이나 일 + 表示 + 동사(태도)”의 형태로도 자주 쓰인다.

④ 对你们的热情接待表示衷心的感谢。

⑤ 我对这件事的真实性表示怀疑。

⑥ 向你们表示歉意。

"表示"는 명사로도 쓰인다.

高兴的表示　　　友好的表示　　　痛苦的表示

"表现"은 동사로 쓰일 때 내재된 심층적인 것들, 즉 사람의 품격, 재능, 정신, 기개, 특징, 수양 정도, 태도 등을 드러내는 것을 말하며 주로 사람의 언행이나 행동, 외모를 통해 다른 사람의 정신 상태에 영향을 주는 것을 말한다.

"表现"의 뒤에 오는 보어 "出", "得", "在" 등은 무엇을 표현하는지, 어떻게 표현하는지, 어떤 면에서 표현하는지를 설명한다.

⑦ 他在同学面前，表现出虚心好学的样子。

⑧ 他在工作中表现得非常积极。

⑨ 内心的矛盾和痛苦没有表现在她的脸上。

"表现"은 명사로 쓰이기도 한다. 예를 들면, "工作中的表现", "生活水平提高的表现", "不负责任的表现", "××人的表现" 등이 있다.

이 밖에도 "表现"은 자신을 일부러 드러내고 자기 과시를 한다는 의미가 있다.

表示，表达 혹은 表现을 써서 빈칸을 채워봅시다.

1 他 ＿＿＿＿＿ 以后一定要认认真真地工作。

2 我的汉语水平还不太高，还不能正确地用汉语 ＿＿＿＿＿ 我的
意思。

3 大家举手 ＿＿＿＿＿ 通过了这项决议。

4 老板认为王强 ＿＿＿＿＿ 得很好，所以提升他当主任。

5 这首诗 ＿＿＿＿＿ 了诗人痛苦的心情。

6 说比较容易，可是用文字 ＿＿＿＿＿ 就比较困难。

12 建设와 建造와 建筑

"建设"의 목적어로는 주로 추상적 의미의 명사가 쓰인다.
"建筑"는 주로 토목 공사의 시공을 가리키는데, 몇 가지 용법이 "建造"와 다르다.

"建设"는 새로운 사업을 일으키고, 새로운 시설을 늘려 원래 있었던
조직의 기구나 설비를 점점 더 완벽하게 만드는 것을 말한다. "建设"
가 동사로 쓰일 때 목적어는 주로 추상적인 의미를 지닌 명사를 쓴다.

建设国家　　　　　建设城市　　　　　建设家乡

建设水利工程　　　建设社会主义

"建设"는 명사로도 쓰인다.

　　　经济建设　　　　　思想建设　　　　　基础建设
　　　国防建设　　　　　社会主义建设

위의 구에 쓰인 "建设"는 모두 "建筑"나 "建造"로 바꾸어 쓸 수 없다.

"建筑"나 "建造"의 목적어는 같은 것도 있고 다른 것도 있다.

　　a 组：建筑或建造　┌ 高速公路、南浦大桥 ┐
　　　　　　　　　　　│ 和平饭店、东方明珠 │
　　　　　　　　　　　└ 电影院、上海博物馆 ┘
　　b 组：建造 ── 工厂、学校、宾馆、车站、大船

"建筑"는 주로 토목 공사의 시공을 가리키기 때문에 b에는 "建筑"를 쓸 수 없다.

"建筑"의 또 다른 특수한 형식에는 "把a建筑在b之上"이 있다. 여기서 a, b는 일반적으로 모두 추상명사로 쓰이며, 주로 부정적인 의미를 나타낸다.

　　① 把自己的幸福建筑在别人的痛苦之上。
　　② 把自己的享乐建筑在劳动人民的痛苦之上。

"建筑"는 명사로도 쓰이는데, 이때는 주로 건축물을 지칭한다.

　　　土木建筑　　　古老的建筑　　　宏伟的建筑　　　高层建筑
　　　建筑面积　　　建筑材料　　　违章建筑　　　建筑工程队

13

感动과 激动

他的话激动了我。(×)
我听到一个感动人的消息。(×)

"感动"과 "激动"은 모두 바깥 사물의 영향을 받아서 생각과 감정의
변화를 나타내는 것으로 모두 심리 활동을 나타내는 동사이며 "A使
B 感动", "A 使 B 激动"의 형태로 쓸 수 있다.

① a : 他的话使我非常感动。

　　b : 他的话使我非常激动。

② a : 他感动得流下了眼泪。

　　b : 他激动得流下了眼泪。

"感动"은 어떤 영향을 받은 후에 생긴 공감으로, 긍정적이고 적극적
이며 칭찬하는 의미를 지니며 피동 형식으로 쓸 수 있다.

"激动"은 어떤 자극을 받은 후에 생긴 심적인 충동이나 불안정으로
흥분이나 분노를 표시할 수 있지만, 공감을 표시하지는 않으며 피동
형식으로도 쓰이지 않는다.

아래 두 가지를 비교해보자.

感动 : 感动人的事情(故事、电影、话)

　　　　A被…… 感动了　　　　深受感动　　　　很受感动

　　　　太感动人了

激动 : 激动人心的消息(歌曲、场面)

　　　　内心激动　　　　情绪激动　　　　激动起来

　　　　激动得跳了起来(叫了起来)

显得很激动　　　激动了好长一段时间　　　别激动

感动 혹은 激动을 사용해서 빈칸을 채워봅시다.

1 医生认真负责的态度 ＿＿＿＿＿ 了病人。

2 我们队终于赢了，我很 ＿＿＿＿＿ 。

3 这是一部非常 ＿＿＿＿＿ 人的小说。

4 现在他有点儿 ＿＿＿＿＿ ，所以态度不太好。

14 合作와 配合

"合作"는 "A和B合作"의 형식으로 쓰고 "配合"는 "A配合B"의 형식으로 쓴다.

"合作"와 "配合"는 모두 어떤 임무를 공동으로 수행한다는 의미로, "互相合作", "密切合作", "合作得很好"라고 말할 수 있고 "互相配合", "密切配合", "配合得很好"라고도 말할 수 있다.

아래 예문에서 "合作", "配合"가 왜 잘못 쓰였는지 알아보자.

① 我们配合得很愉快。(×)

② 比赛的时候，互相合作是很重要的。(×)

"合作"는 하나의 공동 목표를 위해 같이 일하는 것으로 A(개인, 직장)와 B(개인, 직장)의 合作이다. 그래서 ①은 "合作得很愉快"라고 말해야 한다.

"配合"는 각 방면에서 분담하고 협력하여 공동 임무를 수행하는 것이다. 분담하는 것이 다르기 때문에 각 방면에서 임무를 완성할 때의 지위와 역할 역시 완전히 같은 것은 아니다. 임무 완성의 과정 중 먼저 할 것과 다음에 할 것의 구분이 있을 수 있다. "配合"는 서로 협력할 때의 상호 관계를 포함하고 있다.

▶ A(개인, 직장) 配合 B(개인, 직장)

일반적으로 B가 주체가 되는 것으로 'A가 B에 협력하여 공동의 임무를 완성했다'고 말할 수 있다. ②의 경우에는 "互相配合是很重要的"라고 말해야 하는데, 이는 시합할 때 각 선수들의 임무가 다르기 때문에 서로 협력을 잘해야 승리할 수 있기 때문이다.

아래의 "合作"로 이루어진 구들은 모두 "配合"로 대체할 수 없다.

技术合作	经济合作	一起合作	分工合作
合作愉快	合作共事	通力合作	精诚合作
友好合作	合作开发	合作的前景	合作半年
为我们的合作干杯			

아래의 "配合"로 이루어진 구들은 모두 "合作"로 대체할 수 없다.

A(病人)配合B(医生)	配合得很紧密
为了配合 …… 的工作	配合好 …… 的工作
主动(积极)地配合	把 A 和 B 配合在一起

反映과 反应

"反映"과 "反应"은 발음도 같고 글자도 하나만 달라 비슷해 보이지만 그 용법은 완전히 다르다.

"反映"은 세 가지 용법이 있다.

첫째, 어떤 사람이나 사물을 통해 객관적인 사물의 실질을 표현해내며, "A 反映出 B(A는 B를 반영한다, 나타낸다)"의 형태로 쓰인다.

둘째, 실제 상황이나 의견을 상급 기관에 보고·전달한다.

① 向老师反映同学的意见和要求。

② 向领导反映人民的生活困难。

③ 向有关部门反映产品的质量问题。

셋째, 명사로서 주로 '반응·평가'의 의미를 나타낸다.

学生们的反映　　　对食堂的反映　　　听取群众的反映

"反应"은 외부의 자극을 받아서 변화가 발생하는 것을 나타낸다.

'반응을 나타나게 하다' 혹은 '반응을 일으키다' 의 의미로 쓰인다.

  ④ 药物引起了过敏反应。

  ⑤ 他对大家的意见一点反应也没有。

  ⑥ 运动员应该反应敏捷(mǐnjié)。

이 밖에 "开始反应", "发生反应", "正常反应", "反应很剧烈(jùliè)"
처럼 구성할 수도 있다.

16 说明_과 解释

"解释清楚"라고 말할 수는 있지만 "说明清楚"는 틀린 표현이다.
"说明"은 "证明"의 의미도 갖는다.

"说明"과 "解释"는 모두 어떤 사물의 원인과 도리, 내포된 의미를
상대방이 알고 이해하도록 하는 것이다.

  ① a：请你说明一下这个词语的意思。

     b：请你解释一下这个词语的意思。

  ② a：医生给病人说明了他的病情。

     b：医生给病人解释了他的病情。

③ a：马丁向老师<u>说明</u>了没来上课的原因。

　　b：马丁向老师<u>解释</u>了没来上课的原因 。

예문 ②, ③의 a와 b의 의미는 다소 차이가 있다. "解释"는 상대의 의혹과 오해를 없애서 상대방을 안심시키고, 자신을 믿게 하거나 상대방의 이해를 구하는 등 여러 가지 의미를 포함한다. "说明"은 '당신이 이해할 수 있게 말한다' 는 것으로 "明"은 "说"의 결과이기 때문에 일반적으로 "说明清楚"라고 하지는 않는다. ① b의 "解释"는 '분석하다, 분명하게 해석하다' 는 의미이며, 이 경우에는 "解释清楚" 혹은 "解释解释"라고 말할 수도 있다.

아래의 문장은 "解释"의 용법을 잘 설명하고 있다.

④ 无论我怎么解释，他都不相信我的话。

⑤ 服务员反复向乘客解释飞机晚点的原因。

⑥ 你解释解释，这到底是怎么回事？

⑦ 误会解释清楚了，他们俩又成了好朋友了。

"说明"으로 구성된 어구를 살펴보자.

说明方法	说明用途	说明经过	说明真相
说明想法	说明情况	说明来历	说明书
图片说明			

"说明"은 "看说明", "说明要通俗易懂"에서처럼 명사로도 쓰인다. 이 밖에도 "说明"은 '증명하다(证明)' 의 의미가 있지만, "解释"에는 이 의미가 없다.

⑧ 实验结果说明(解释(×))我们的想法是对的。

⑨ 这些材料说明(解释(×))不了问题。

⑩ 事实已经说明(解释(×))你错了。

17 使用과 利用과 运用

"**使用**"의 목적어는 주로 도구, 자금, 인원 등이고 "**利用**"의 목적어는 대부분 추상명사이며, "**运用**"의 목적어는 주로 어떤 기술이나 방법을 가리킨다.

"使用"과 "用"은 의미상 비슷하다. 어떤 목적을 위해 사람, 도구, 자금을 쓰는 것을 나타내는 동사이다.

① 为了促进经济的发展，必须合理使用人才(干部)。

② 到了日本，他开始使用日语和日元。

③ 这部机器坏了，现在不能使用。

④ 学习外语，一定要学会使用词典。

"利用"은 두 가지 의미를 지닌다.

첫째, 사물이나 사람이 그 효력과 역할을 발휘하게 함을 나타내며 긍정적인 어감을 갖는다.

⑤ 我们要充分利用外资，加快经济建设。

⑥ 马丁想利用来中国学习的机会，去北京旅游。

⑦ 我们应该学习和利用国外的先进技术。

⑧ 可以利用废布、树叶加工成纸。

"利用"을 써서 구성된 어구들을 살펴보자.

| 利用时间 | 利用条件 | 利用人才 | 利用知识 |
| 利用太阳能 | 利用水资源 | 废物利用 | 有利用价值 |

둘째, "利用"은 어떤 목적을 달성하기 위해 모종의 수단을 동원하여 사람이나 물건을 이용한다는 의미로 부정적 어감을 갖는다.

⑨ 那个人利用会计(kuàijì)的职权，贪污了几十万元。

⑩ 王厂长想利用老朋友的关系为儿子找一份好工作。

"利用"으로 "互相利用", "被利用", "受利用", "利用手段" 등의 표현을 만들 수 있다.
"废物"를 제외하고 "利用"의 목적어로는 대부분 추상명사가 온다.

"运用"은 어떤 사물의 특성에 근거하여 이용하는 것으로 주로 어떤 기술이나 방법을 가리킨다.

⑪ 微波、激光等先进技术的运用越来越广泛。

⑫ 我们应该把学到的知识运用到实践中去。

⑬ 我们运用空气对流的原理解决了那个问题。

상용되는 어구로는 "运用自如"가 있는데 '자유자재로 운용한다'는 의미이다.

使用, 利用 또는 运用을 써서 다음 빈칸을 채워봅시다.

1 他想 ______ 这块布做成一个袋子。

2 我还没学会怎样 ______ 电脑。

3 我想 ______ 去北京出差的机会游览一下长城。

4 学会 ______ 汉语，对找工作很有好处。

5 我们 ______ 刚学到的知识，解决了工作中的难题。

6 可以 ______ 这块空地种点儿花草。

18

发现과 发觉

"发现", "发觉"는 이전에 다른 사람들이 몰랐거나 주의를 기울이지 않았던 일에 대해 알게 되거나 관심을 갖기 시작했음을 나타낸다. 주로 현재의 구체적인 일을 가리킨다.

"发现 + 단문" 또는 "发觉 + 단문" 형태를 살펴보자.

① 他走了半天，才发现(发觉)方向错了。

② 我们发现(发觉)最近张三的行为有些不正常。

③ 他以为躲在这儿不容易被别人发现(发觉)。

"发现"에는 또한 탐색이나 연구를 통해 이전에 사람들이 본 적도 없고 찾아내지도 못한 사물이나 규칙 등을 보았거나 알아냈다는 뜻이 있다. 과거, 현재, 미래에 모두 쓰일 수 있다.

"发现 + 명사 혹은 명사구" 형태의 문장을 살펴보자.

④ 中国是最早发现(发觉(×))和利用茶叶的国家。

⑤ 去年这儿又发现(发觉(×))了一个大油田。

⑥ 如果发现(发觉(×))问题，要及时解决。

"发现"은 명사로도 쓰일 수 있다.

新发现　　重大发现

19

保持와 维持

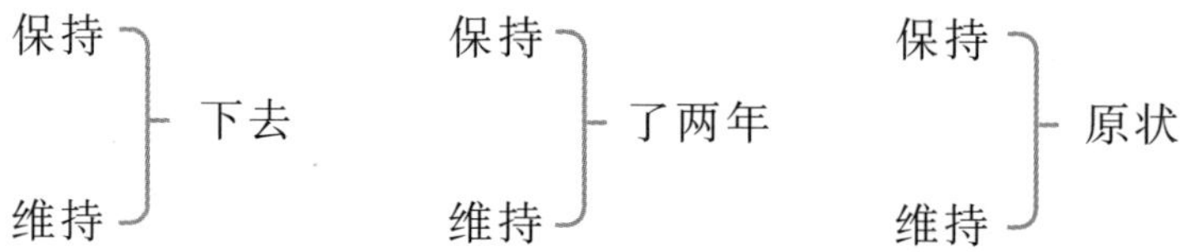

"**保持**"는 원래 있던 좋은 상태를 유지해 나가는 것이다.
"**维持**"는 노력이나 수단을 통해 원래 있던 상태가 변하지 않고 계속 유지될 수 있도록 하는 것이다.

"保持"와 "维持"는 모두 다 원래 있던 상태를 지속해 나가거나, 혹은 일정 시간 동안 상황에 변화가 발생하지 않음을 가리킨다.

保持 ┐
      ├ 下去
维持 ┘

保持 ┐
      ├ 了两年
维持 ┘

保持 ┐
      ├ 原状
维持 ┘

"保持"를 써서 구성된 어구들을 살펴보자.

保持安静	保持健康	保持荣誉
保持高水平	保持水土	保持警惕
保持优良作风	保持友好关系	保持英雄本色
保持光荣称号	保持世界和平	保持适当的温度
保持良好的习惯	保持优美的体形	保持密切的联系

保持纯洁的友谊

保持艰苦朴素的作风

保持冷静的态度(头脑)

"维持"를 써서 구성된 어구들을 살펴보자.

维持生命	维持生活	维持秩序	维持关系
维持局面	维持社会治安		

"保持"와 "维持"로 구성된 어구를 한 번만 대조해보면 "保持"와 "维持"가 나타내는 의미에 상당히 차이가 있음을 쉽게 발견할 수 있을 것이다. 일반적으로 "保持"는 원래의 좋은 상태를 지속해 나가는 것을 말하고 관련 어구에는 주로 긍정적 의미의 형용사가 온다. "维持"는 노력과 수단을 통해서만 원래의 상태를 계속 유지해 나갈 수 있음을 의미하는데, 이때 그 상태의 지속은 짧을 수도 있고 언제든 중단될 수도 있다. "维持"는 주로 원래 상황이 변하지 않는 쪽에 더 중점을 두고 있다. 그래서 "维持"가 쓰인 어구에는 일반적으로 긍정적인 의미의 형용사가 올 수 없다.

다음 어구의 비교를 통해 "保持"와 "维持"의 용법의 차이점을 이해해보자.

保持世界和平	维持世界和平
保持(友好)关系	维持关系
保持(安定的)局面	维持局面
保持(安静的)秩序	维持秩序

20

<h1 align="center">宝贵_와 珍贵</h1>

"宝贵"와 "珍贵"는 모두 '귀하다', '가치 있다'는 의미이다. "宝贵"
는 주로 얻기 어려운 것을 가리키며 대부분 추상명사를 수식한다.
"珍贵"는 의미 있고, 좋아할 만한 가치가 있고, 소장 가치가 있는 실
물을 주로 수식한다.

宝贵的经验	珍贵的纪念品
宝贵的意见	珍贵的礼物
宝贵的生命	珍贵的动物
宝贵的时间	珍贵的画
宝贵的财富	珍贵的邮票
宝贵的文化遗产	珍贵的衣服
宝贵的精神	珍贵的书籍
	珍贵的文物
	珍贵的友谊

21

严肃 와 严厉 와 严格

"严肃"는 대개 사람의 정신, 태도, 품격을 가리키며 기분을 나타낼 수도 있다.
"严厉"는 사람의 정신 상태와 표정을 형용하며 지독하다는 뜻이 있다.
"严格"는 주로 제도를 따르거나 기준을 적용하는 태도를 나타낸다.

"严肃"와 "严厉"는 모두 사람의 얼굴 표정, 말하는 어투, 표현하는 태도를 나타낸다.

① 领导严肃(严厉)地批评了我们。

② 他的爸爸是个非常严肃(严厉)的人。

③ 看到他那严肃(严厉)的样子，大家都有点坐立不安。

"严肃"와 "严厉"를 구별하는 방법 몇 가지를 살펴보자.

첫째, "严肃"는 사람의 성격이 내향적이고 말이 별로 없는 것, 혹은 당면한 일의 심각함을 나타낸다. "严肃"한 태도는 사람으로 하여금 존경과 약간의 두려움을 느끼게 한다. "严肃的态度"라는 말은 일하는 방식이나 문제를 처리하는 태도를 표현한다.

"严厉"는 "严肃 + 厉害"의 뜻이다. 그래서 태도가 엄숙함을 표현하는 것 외에도 또 남에게 엄격한 태도를 요구하거나 겸손하지 않음을 나타내기도 한다.

"严厉的态度"는 사람으로 하여금 대처하기 힘들다고 느끼게 하거나 참을 수 없게 만들 수도 있다.

아래 문장에서 "严肃"와 "严厉"의 다른 용법을 비교해보자.

④ 师傅对我非常严厉(严肃(×))，一发现我做得不对，马上就严肃(严厉)地给我指出。

⑤ 老王办事总是十分认真严肃(严厉(×))。

⑥ 祥林嫂的婆婆对她非常严厉(严肃(×))。

⑦ 上班的时候，大家常常互相开玩笑，态度不太认真严肃
(严厉(×))。

둘째, "严肃"는 어떤 상황의 분위기나 문제의 심각성을 표현하는데,
"严厉"에는 이러한 용법이 없다.

⑧ 会场的气氛显得特别严肃(严厉(×))。

⑨ 他的话使刚才还十分轻松的气氛一下子严肃(严厉(×))起来
了。

⑩ 青年们面对着国旗举起了右手，严肃(严厉(×))地宣誓。

⑪ 这是一个非常严肃(严厉(×))的问题。

셋째, "严肃"는 동사로 쓰여 "严肃 + 명사구"를 이룰 수 있다. 어떤
사물을 엄숙하게 만들거나 관리를 엄격하게 하거나 강화한다는 뜻이
있다. "严厉"에는 이런 용법이 없다.

⑫ 必须严肃(严厉(×))交通法规。

⑬ 只有严肃(严厉(×))党纪国法，才能制止这样的事再发生。

"严格"는 제도를 따르고 기준을 지키는 태도가 매우 진지해서 조금
도 사적 감정이 개입되지 않음을 나타낸다.
상용 어구는 다음과 같다.

严格要求	严格检查	严格执行	严格训练
严格掌握	严格遵守	严格审查	严格审批
严格管理			

"严格 + 명사"에는 '~를 엄격하게 하다'라는 용법도 있다.

严格……审批制度　　　严格各种训练　　　严格会计制度

严格法律程序　　　严格出入境手续

严肃, 严厉 혹은 严格를 써서 빈칸을 채워봅시다.

1 张老师对学生要求很 ＿＿＿＿ ，哪怕写错了一个字也要学生立

即改正。

2 张老师总是很 ＿＿＿＿ 的样子，从来不开玩笑。

3 张老师对学生很 ＿＿＿＿ ，大家都怕他。

4 必须 ＿＿＿＿ 按学校的规定办事。

5 交通警 ＿＿＿＿ 认真地处理好每一起交通事故。

6 报纸 ＿＿＿＿ 批评了这家工厂污染环境的行为。

22

怕와 害怕와 恐怕

“怕”가 동사로 쓰일 때는 ‘두려워하다’, ‘염려하다’는 뜻을 나타낸다. 주어가 어떤 사람이나 사물, 혹은 상황에 대한 두려움이나 참을 수 없음을 나타낸다. “怕”는 목적어를 수반할 수 있다.

① 这个孩子谁都不怕，就怕他的老师。

② 工人们不怕苦、不怕累，提前完成了任务。

③ 我怕你不知道出发的时间，特地打电话告诉你。

④ 这种植物就怕太阳晒。

⑤ 学汉语，别怕说错。经常练习说，进步就快。

⑥ 下这么大的雨，我怕他来不了了。

“怕”는 부사로서, “恐怕(아마도)”의 뜻을 가지고 예측을 나타낸다.

⑦ 这个孩子怕有十岁了吧。

⑧ 天越来越黑了，怕要下暴雨了。

“害怕”는 어려움이나 위기를 만났을 때 마음속으로 두려워하는 상태를 나타내는 심리동사이다.

⑨ 她害怕晚上一个人走路。

⑩ 在困难面前他从不害怕。

①, ⑤는 “怕” 대신 “害怕”를 써서 표현할 수도 있다.

“害怕”는 “害怕的样子”에서처럼 한정어로 쓰일 수 있다.

“怕”와 “害怕”는 다른 부사를 덧붙여 “怕”의 정도를 나타낼 수 있다.

很害怕　害怕极了　害怕得很　不(没有)害怕　有点儿害怕

“恐怕”는 부사이며 어떤 사물, 상황, 상태의 예측, 추측을 나타낸다.
“大概”, “也许”의 의미도 있다. ⑥, ⑦, ⑧의 “怕”는 모두 “恐怕”로
대신할 수 있다.

“恐怕”에는 또한 “担心(염려하다)”의 뜻이 있으며, 동사의 앞에서만
사용할 수 있고, 명사 앞에는 올 수 없다.

　　⑪　我恐怕下雨，所以带了把雨伞。

　　⑫　我恐怕你忘了这件事，所以提醒你一下。(×)

⑫에서는 “恐怕”를 쓸 수 없으며 “怕”만을 사용할 수 있다. ③에서도
“怕” 대신 “恐怕”를 사용할 수 없다.

23 不得了 와 了不得

"不得了"와 "了不得"는 상황이 심각하고 정도가 심함을 나타낸다.
"了不得"는 "了不起"의 의미도 있다.

"不得了"와 "了不得"는 주로 구어에 많이 쓰인다.

"不得了"는 뜻밖의 일이 발생했을 때, 상황이 대단히 심각하여 내심 초조하지만 어떤 해결책도 없을 때 쓰이는 말로 용법은 다음과 같다.

첫째, 주어 없는 문장인 무주구(无主句)가 될 수 있다.

① 不得了啦，着火了！

② 真不得了，小王的儿子从楼上摔下来了。

둘째, "구 + 부사(可、真、才、更、就) + 不得了"의 형태로 쓰일 수 있다.

③ 你那么粗心大意，万一出了事故就不得了了。

④ 要是让她知道了更不得了，她肯定会大吵大闹。

⑤ 这幢房子的墙面已经裂开了，再不抢修，后果可不得了啦。

셋째, 정도가 심함을 나타낸다. 일반적으로 "형용사 혹은 심리동사 + 得 + 不得了"의 형태로 쓰인다.

⑥ 天气热得不得了。

⑦ 钱包丢了，我急得不得了。

⑧ 四川菜辣得不得了。

⑨ 我送给她的礼物，她喜欢得不得了。

"了不得"에도 상술한 "不得了"의 세 가지 용법이 있다.

　① 了不得啦，着火了！

　② 他的病可了不得啊，快送医院吧。

　③ 试验终于成功了，大家高兴得了不得。

"了不得"에는 "了不起"의 의미도 있다. 재능이 특출나거나 상황이 특수함을 나타낸다.

[수량구 + 了不得 + 的 + 명사]

　① 这是世界上一件了不得的大事。

　② 她是一个了不得的女人，那么大年纪还坚持学习。

[真 + 了不得]

　③ 这孩子十三岁就上大学了，真了不得啊。

　④ 这座桥只花了两年时间就造好了，真了不得啊。

[以为 혹은 觉得 + 了不得]

　⑤ 他考试得了第一就以为(觉得)自己了不得了。

　⑥ 别以为当上了总经理就了不得了。

[有(没有) + 什么 + 了不得 + 的]

'별것 아니다', '대단할 것 없다' 는 부정적 의미를 나타낸다.

　⑦ 这场比赛输了，有什么了不得的，还有赢的机会。

　⑧ 学汉字看起来很难，其实没什么了不得的。

巴不得와 恨不得

> "巴不得"가 희망하는 일은 일반적으로 실현 가능성이 있거나 이미 실현된 것이다. "恨不得"가 희망하는 일은 실현이 불가능한 것이다.

"巴不得"와 "恨不得"는 모두 자신의 바람이 실현되기를 바라는 간절한 마음을 나타낸다. 때문에 두 단어 뒤에는 "马上", "立刻", "就" 등의 부사를 써서 강조하며 구어에서 주로 많이 사용한다. "巴不得"와 "恨不得"는 다음과 같이 구별할 수 있다.

첫째, "巴不得"는 희망하는 일이 일반적으로 실현 가능하거나 이미 실현되었을 때 쓰인다. 종종 머지않아 발생할 일이거나 이미 발생한 일이 마침 자신이 일어나기를 바라던 일인 경우가 많다. 때문에 "巴不得" 앞에는 "正"이나 "正是"가 종종 쓰인다. "恨不得"는 바라는 일이 실현 불가능한 것으로 단지 가상일 뿐이다. 앞에 "真"을 사용해서 강조할 수 있고 뒤에는 일반적으로 동사성 어구가 온다.

① a : 你来得正好。我正巴不得有人来帮我一下。

　　b : 怎么连一个人都没有。我真恨不得有人来帮我一下。

② a : 她巴不得生个女孩。(她希望生个女孩)

　　b : 她真恨不得这个孩子是个男孩。(这个孩子是女孩)

③ a : 我巴不得马上能住进新房。(这是可能实现的)

　　b : 我恨不得马上能住进新房。(这是不可能的)

둘째, "巴不得"는 "的+명사"를 수반할 수 있지만, "恨不得"는 안 된다.

④ 学校派他去国外进修，这正是他巴不得(恨不得(×))的机会。

⑤ 他请我去看电影，正是我巴不得(恨不得(×))的事情。

巴不得 혹은 恨不得를 써서 빈칸을 채워봅시다.

1 马丁说他下个月来北京，我 _________ 马上能见到他。

2 他说我不用去了，真是太好了。我正 _________ 呢。

3 今天才18 号，可是孩子们 _________ 明天就过年。

4 明天我们去旅行，我真 _________ 明天不要下雨。

25

不得不와 不由得

“**不得不**”는 ‘～하지 않으면 안 된다’, ‘반드시 ～해야 한다’는 뜻을 나타낸다.
“**不由得**”는 ‘～하지 않을 수 없다’, ‘허용하지 않다’는 뜻을 나타내며 “**不得不**”
로도 표현할 수 있다.

“不得不”의 용법은 능원동사 “必须”와 비슷한데, 일반적으로 뒤에
동사어구 혹은 “这样”, “如此”와 같은 단어를 수반한다. 자신은 결
코 이렇게 하고 싶지 않은데 객관적 상황 때문에 어쩔 수 없이 하게
되는 것을 나타낸다.

① 飞机票买不到，我不得不改变原来的计划。

② 我们玩得很高兴，但是时间太晚了，我不得不走了。

③ 你说得那么有道理，我们不得不相信你是对的。

"不由得"는 어떤 상황 하에서 자기 감정을 억제하지 못하고, 어떤 행동을 취하는 것을 나타낸다. 일반적으로 동사 앞에 쓴다.

① 她拿着儿子的照片，看着看着，不由得笑出声来。

② 一想起那些心酸的往事，她就不由得掉下泪来。

③ 听老师说后天要考试，我心里不由得紧张起来了。

④ 一走出大门，迎面吹来一阵大风，我不由得裹紧了衣服，快步跑了起来。

"不由得"는 '할 수밖에 없었다'의 뜻이 있다. 일반적으로 "不由得 + 겸어"의 형식으로 쓴다.

⑤ 看着她那可怜的样子，不由得你不同情她。

⑥ 他说得那么逼真，不由得你不相信。

⑦ 他的态度非常坚决，不由得你不同意。

예문 ⑤, ⑥, ⑦의 "不由得" 용법에는 "不得不"의 뜻이 있으므로 "不得不"를 대신 쓸 수 있다.

不得不 혹은 不由得를 써서 빈칸을 채워봅시다.

1 他们都不会说汉语，我 ________ 跟他们说英语。

2 听到那支熟悉的歌曲，我 ________ 轻轻地哼了起来。

3 离开父母，我 ________ 学会自己照顾自己。

4 那个小伙子 ________ 爱上了一位中国姑娘。

5 他一定要把那件礼物送给我，我 ________ 收下了。

26

上星期二과
这星期二과 下星期二

今天 11 号，星期四，上星期二是9号。(×)

다음 달력을 보고 답해보자.

一	二	三	四	五	六	日	
1	2	3	4	5	6	7	← 上星期
8	9	10	11	12	13	14	← 这星期
15	16	17	18	19	20	21	← 下星期
22	23	24	25	26	27	28	
29	30						

今天是11号，星期四。

上星期二是几号？

下星期二是几号？

“上星期二” = 上个星期的星期二，是2号。

“下星期二” = 下个星期的星期二，是16号。

“这星期二” = 这个星期的星期二，是9号。

“这星期二”은 “这”를 빼고 “星期二”로 줄여 말할 수도 있다.

  ① A：他什么时候来的？

    B：上星期二。(2号)

  ② A：他什么时候来的？

　　B：星期二。(9号)

③ A：他什么时候来？

　　B：下星期二。(16号)

중국인의 관습에 의하면 "星期天"은 일주일 중 마지막 날이지 첫
날이 아니다. 만약 오늘이 11일이라면 "上星期天"은 7일이고, "下星
期天"은 21일이므로 "(这个)星期天"은 14일이다.

④ 今天星期四，11号。我<u>星期天</u>去看你。(14号)

　　这个星期天我没空，<u>下个星期天</u>再来吧。(21号)

 **아래의 문장에서 밑줄 친 요일은 몇 일인지 말해봅시다.**

今天 11 号，星期四

1 A：我<u>上星期一</u>去找过你，你不在。<u>你这个星期天</u>在家吗？

　 B：<u>星期天</u>我有事。你下星期一来吧。

2 A：我<u>星期一</u>去找过你，你不在。<u>这个星期天</u>你有事吗？

　 B：<u>这星期天</u>我没空，<u>下个星期天</u>你来吧，我在家。

27 前三个月与三个月前

"前三个月"는 "三个月前"과는 다르다. "前三个月"는 바로 '앞 삼
개월'이고 "三个月前"은 '삼 개월 이전'이다.

① 在这个地区，每年的前三个月是降水量最集中的时期。

（每年的前三个月：一月、二月和三月）

② 现在是五月，我三个月前见到过他。（三个月前：二月）

③ 90年代的前五年，他们学校的留学生人数增加了一倍。

（九十年代的前五年：1990、1991、1992、1993、1994年）

④ 1995 年，他们学校的留学生人数是 600 人，五年前只有
100 人。（五年前：1990年）

时间과 时候

"时间"은 시작과 끝이 있는 한동안의 시간이다.
"时候"는 "时间" 안의 특정한 시점이다.

다음 대화를 살펴보자.

> A：你每天都学习汉语吗？
>
> B：差不多每天都学习。
>
> A：你每天学习多少时间？
>
> B：不一定。工作不太忙的时候，学习的时间就多一些。
>
> A：你什么时候学习呢？
>
> B：什么时候都可以学习呀。比如：坐车的时候听听录音，
> 跟中国人谈话的时候练习说汉语。下班以后，可以比较
> 长时间地学习。
>
> A：你真会挤时间学习啊。你有空的时候，请多帮助我。
>
> B：行，没问题。今天晚上我有时间，你来我这儿吧。

위의 대화를 통해서도 알 수 있듯이 "时间"은 구체적인 수량으로 표시될 수 있다. 그리고 "多少时间(몇 시간)" "没有时间(시간이 없다)" "很长时间(긴 시간)" 등과 같이 시작과 끝이 있는 한동안의 시간을 나타낼 때 쓰인다. "时候"는 "什么时候(언제)" "这时候(이때)" "那时候(그때)" "……的时候(~할 때)"처럼 어떤 시간 안의 일정 시점을 나타낸다. 그림으로 나타내면 다음과 같다.

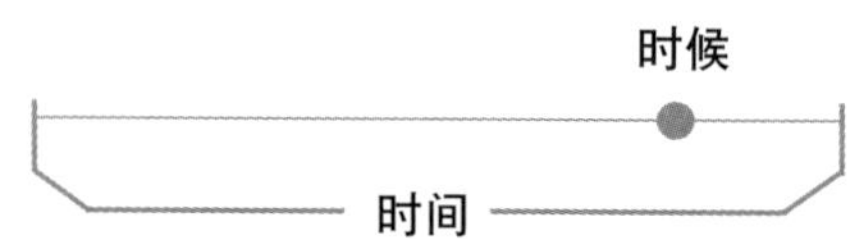

"时间"은 구체적인 어떤 때를 표시할 수 있다.

    ① 开车的时间到了。

    ② 现在是北京时间六点整。

    ② 时间到了，下课吧。

29 一点钟과 一个小时

我等他等了一点钟，他还没来。(×)

"小时"와 "分钟"은 '～시간, ～분'이라는 쓰여진 시간의 합계를 나타내고 "点钟"과 "分"은 '～시 ～분'이라는 어떤 시점을 나타낸다. "点钟"과 "分"을 함께 사용해야 할 때는 "点钟"을 "点"으로 줄여 말한다. 그림으로 나타내면 다음과 같다.

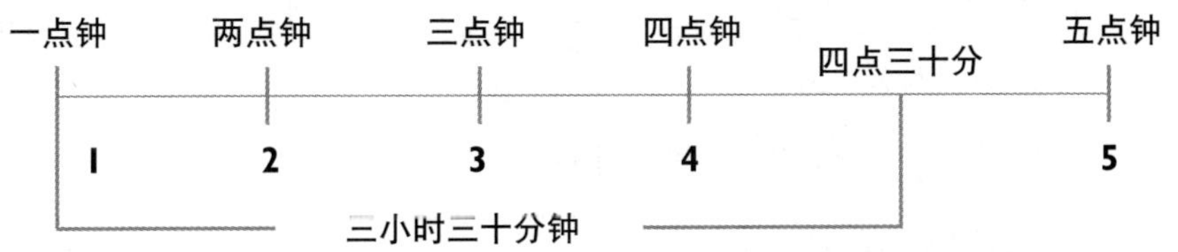

"多少时间"이나 "什么时候"로 물었을 때, 그 대답은 달라진다.

什么时候	多少时间
一点(钟)	一(个)小时
两点半	两个半小时
三点三刻	三(个)小时三刻(钟)
一点零二分	一(个)小时零二分(钟)

① A：现在几点？

　　B：现在两点半。

② A：从你家到学校骑自行车要多少时间？

　　B：两个半小时。

③ A：现在什么时候？

　　B：三点三刻。

④ A：你们每天上多长时间的课？

　　B：三个小时三刻钟。

괄호 속의 단어 중 알맞은 단어를 선택하여 빈칸을 채워봅시다.

1 从宿舍到教室只要五 ______ 。(分，分钟)

2 现在几点？

现在是五点零五 ______ 。(分，分钟)

3 这顿晚饭我们吃了一(个) ______ 。(点钟，小时)

4 你什么时候来的？

我三 ______ 来的。(点钟，小时)

5 你来了多长时间了？

我来了三个 ______ 了。(点钟，小时)

6 现在什么时候？

现在是五点三 _______ 。(刻，刻钟)

7 从这儿坐公共汽车到市中心需要三 _______ 。(刻，刻钟)

30

时间과 工夫

"时间"은 "早"，"晚"，"长"，"短" 등의 단어와 함께 쓰일 수 있다.
"工夫"를 수식할 수 있는 형용사는 "大"이다.

① 我们只用了半天时间(工夫)就把机器修好了。

② 我没有工夫(时间)跟你们一起去看电影。

위의 두 문장 중 "时间"과 "工夫"는 모두 어떤 일을 하는 데 소요되었거나 앞으로 소요될 한동안의 시간을 나타낸다. 모두 앞에 "有"와 "没有" 혹은 다른 동사나 수량사를 더할 수 있다.

③ 有时间(工夫)的话，我一定再来。

④ 做这个菜很费时间(工夫)。

⑤ 坐地铁真快，一会儿工夫(时间)就到了。

"时间"과 "工夫"의 주된 차이점은 다음과 같다.

첫째, "时间"은 구체적인 어떤 때를 나타내며 "早", "晚"을 이용해 "时间"에 대한 설명을 할 수 있다.

    ⑥ 现在是北京时间(工夫(×))八点整。

    ⑦ 开车的时间(工夫(×))到了，车怎么还不开？

    ⑧ 你睡觉的时间 (工夫(×))太晚了，上班的时间 (工夫(×)) 又那么早，现在身体怎么样？

둘째, 시간의 길고 짧음을 나타내는 방식이 다르다.

    时间 —— 多长时间　多少时间　很长(短)的时间

            很多(少)时间

    工夫 —— 多大工夫　很大工夫　工夫不大　不大的工夫

"多大工夫"는 시간이 그다지 길지 않다는 느낌을 준다.

    ⑨ A：你工作多长(多少)时间了？

       B：我已经工作两年了。

    ⑩ A：你等了我多大工夫？

       B：我等了你不大一会儿工夫。

    ⑪ A：修好这部机器要多长(多少)时间？

         (혹은 修好这部机器要多大工夫？)

       B：不大工夫就可以修好了。

셋째, "工夫"는 무슨 일을 하는 동안 어떤 일이 동시에 이루어졌음을 나타내며 짧은 시간 내에 그 일이 발생했거나 이루어진 것을 강조한다. "……的时候"와 같다.

    ⑫ (两人边走边谈，其中一人说) 我们说话的工夫，已经到家了。

    ⑬ 孩子睡觉的工夫，她把衣服洗好了。

    ⑭ 我吃饭的工夫，他做完了作业。

넷째, "时间"과 "工夫"는 구성할 수 있는 어구가 다르다.

时间 —— 工作时间　　业余时间　　利用时间

　　　　　浪费时间　　长时间的分离

工夫 —— 闲工夫　　下工夫　　好大的工夫

31 二月 와 两个月

我住在两楼。(×)
我已经学了二月汉语了。(×)
现在是二点半。(×)

다음을 비교해보자.

二	两
星期二	两个星期
二月	两个月
二号	两天
二班	两个班
二年级	两个年级
二楼	两层楼
第二年	两年
第二课	两课

위의 "二"은 모두 "第二"의 뜻으로 서수이다. "星期二"을 예로 들어 보자. 화요일은 일주일 중 둘째 날이며 (월요일은 첫째 날이다.) "二 月"는 일 년 중 두번째 달이고 "二号"는 한 달의 둘째 날이다.

"两"은 기수를 표시한다. "两个星期"는 두 주일, "两个月"는 두 달, "两天"은 이틀을 나타낸다. 그리고 "两点钟"이라고 하지 "二点 钟"이라고 하지 않음에 주의해야 한다.

① 我住在二楼。

② 我住的楼房一共有两层。

③ 我今年二月二号来中国的。

④ 我已经来了两个月了。

二 또는 两을 써서 빈칸을 채워봅시다.

1 今天我们学习第 ＿＿＿＿＿ 课。

2 我们每个星期学习 ＿＿＿＿＿ 课。

3 他在日本住过 ＿＿＿＿＿ 年。

4 我现在上 ＿＿＿＿＿ 年级。

5 现在是 ＿＿＿＿＿ 点半。

6 今天是三月 ＿＿＿＿＿ 号。

7 今天离星期六还有 ＿＿＿＿＿ 天。

32

三公斤多와 三十多公斤

他买了三多公斤肉。(×)
他买了三十公斤多肉。(×)
教室里有十五多个人。(×)

대략적인 수량을 나타낼 때 "多"를 양사의 앞에 둘지 뒤에 둘지는 나타내려는 숫자와 관계가 있다.

수사 + 양사 + 多			수사 + 多 + 양사		
三	公斤	多			
十四	公斤	多			
一百五十九	公斤	多			
十	公斤	多	十	多	公斤
			二十	多	公斤
			一百七十	多	公斤
			一千三百	多	公斤

위의 표로 다음 규칙을 알 수 있다.

첫째, 만약 숫자의 마지막 수가 "1~9"(예 : 1, 2, …… 9, 11, 12, …… 19, …… 121, 122, …… 129, ……)라면 "수사 + 양사 + 多" 이다.

둘째, 만약 숫자의 마지막 수가 0(20, 30, …… 90, 100, 110, …… 1000, ……)이라면 "수사 + 多 + 양사" 이다.

셋째, "十 + 多 + 양사" 또는 "十 + 양사 + 多"는 모두 쓸 수 있으나 각기 다른 뜻을 나타낸다. 예를 들어, "十多公斤"은 "11公斤, 12公斤, 13公斤 ……"의 뜻이고 "十公斤多"의 뜻은, "10.1公斤, 10.2公斤, 10.3公斤……"의 뜻이다.

"教室里有十五个多人"은 얼핏 들으면 맞는 문장이지만, 사실은 틀린 문장이다. 이 문장은 교실에 15.1사람 혹은 15.2사람…… 이 있다는 뜻이기 때문이다.

그 밖에 만약 숫자가 "一万", "两万"……이면 "多"는 "万"의 뒤에 온다.

> 一万多公斤 / 两万多公斤……

그러나 만약 숫자가 "二十万", "两百万"……이면 "多"는 "万"의 앞에 온다.

> 三十多万公斤 / 三百多万公斤 / 四千三百多万公斤……

A, B, C 중 적당한 곳에 多를 넣어봅시다.

1 他们学校有一千 A 三百 B 个 C 学生。

2 我等了他两 A 个 B 小时 C。

3 卧室的面积是二十 A 平方 B 米 C。

4 他买了三 A 斤 B 鱼 C。

5 一年 A 来，我们已经学了三千 B 五百个 C 词了。

6 这个城市的人口是一千 A 三百 B 万 C。

7 这个体育馆可以坐一 A 万 B 个 C 人。

72

33

一个月半일까, 一个半月일까?

我买了三半公斤肉。(×)
一个月半以后, 我要回家。(×)

정확한 표현 방식은 다음과 같다.

半 + 양사 + 명사			수사 + 양사 + 半 + 명사			
半	公斤	肉	三	公斤	半	肉
半	个	房间	一	个	半	房间
半	碗	饭	两	碗	半	饭
半	个	月	一	个	半	月
半	天		四	天	半	
半	年		三	年	半	
半	个	小时	一	个	半	小时

A, B, C 중 적당한 곳에 半을 넣어봅시다.

1 他每星期工作五 A 天 B 时间 C。

2 我等他等了一 A 个 B 小时 C。

3 我买了三 A 公斤 B 肉 C。

4 一 A 个 B 月 C 以后, 我要回家。

34

左右와 前后와 上下

中秋节左右商店里卖月饼。(×)

"左右", "前后", "上下" 모두 대략의 수량을 표시할 수 있지만, 용법이 조금씩 다르다. 아래의 표를 살펴보자.

		左右	前后	上下
A 什么时候 （数量词）	五点钟	五点钟左右	五点钟前后	七十公斤上下
B 什么时候 （名词）	中秋节		中秋节前后	
C 多长时间	五天	五天左右		
D 年龄	五十岁	五十岁左右		五十岁上下
重量	七十公斤	七十公斤左右		七十公斤上下
高度	一米七	一米七左右		一米七上下

左右, 前后, 上下를 써서 빈칸을 채워봅시다.

1 春节 ______ 街上最热闹。

2 你七点钟 ______ 再来吧。

3 你过一个小时 ______ 再来吧。

4 他大概四十岁 ______ 吧。

35

百把个人_과

一百来个人_과

一百个人左右

这个中学有一百把个教师。(×)

这个中学有百来个教师。(×)

"把", "来", "左右" 모두 대략의 수량을 표시할 수 있다. 그러나 용법이 조금씩 다르다.

① 房间里坐着百把个人。

② 房间里坐着一百来个人。

③ 房间里坐着一百个人左右。

첫째, "把"를 사용할 때는 앞에 "百", "千", "万" 혹은 "个", "块"가 온다.

百把人 (一百个人左右)

千把人 (一千个人左右)

万把人 (一万个人左右)

个把人 (一、两个人)

块把钱 (一块钱左右)

둘째, "来"를 사용할 때는 앞에 반드시 수사가 있어야 한다.

三斤来肉 (三斤左右)

一块来钱 (一块左右)

一百来个人 (一百个左右)

셋째, "左右"는 수사, 양사, 명사의 뒤에 놓인다.

把, 来, 左右를 써서 빈칸을 채워봅시다.

1 口袋里只有块 ______ 钱。

2 口袋里只有一块 ______ 钱。

3 口袋里只有一块钱 ______ 。

4 留学生一共有五百 ______ 个。

5 留学生一共有百 ______ 个。

6 留学生一共有三百个 ______ 。

36

"他们都是我的朋友们"일까, "他们都是我的朋友"일까?

중국어 문장 속의 명사가 단수인지 복수인지는 글의 앞뒤를 보아야

만 알 수 있다.

 ① 我今天忘了带课本，只带了练习本。

 ② 这些都是你们的课本，每人一本。

①에서의 "课本"은 "我的课本"으로, 대개는 한 권이며, ②에서의 "课本"은 "你们每个人的课本"으로 당연히 여러 권을 가리킨다.

"们"은 사람을 가리키는 명사의 뒤에 놓여 복수를 나타낸다. 일례로 "学生们" 하면 '학생들'이다. 동물이나 물건을 나타내는 명사 뒤에는 "们"을 사용할 수 없다. "狗们", "桌子们"은 모두 틀린 표현이다. 그러나 사람을 나타내는 명사에 "们"을 덧붙이지 않았다고 꼭 단수인 것은 아니며 복수일 경우도 있다.

 ③ 学生都来了。

 ④ 学生们都来了。

③과 ④는 모두 맞는 문장이며 같은 뜻이다. 이런 경우에는 "们"을 덧붙이지 않아도 된다.

다수의 사람을 칭할 때라도 "们"을 붙이면 틀린 문장이 되는 경우가 있다.

 ⑤ 这些人都是我的朋友们。(×)

 ⑥ 房间里有很多人们。(×)

 ⑦ 这三个学生们我都认识。(×)

이 경우 ⑤, ⑥, ⑦ 모두 "们"을 붙여서는 안 된다. 동사 "是"의 목적어와 "有"의 목적어, 명사 앞에 이미 수량을 나타내는 표현이 있을 경우에는 "们"을 쓸 수 없기 때문이다.

중국어의 대명사는 "你", "你们", "我", "我们", "他", "他们", "这", "这些", "那", "那些"와 같이 단수와 복수의 구별이 있다. 그러나, 다음 경우에는 명사가 분명 복수이지만 "这", "那"를 "这些", "那些"로 바꿔 말할 수 없다.

  ⑧ 这七个人 那七个人

   这八本书 那八本书

그 밖에 "这", "那"가 주어로 쓰이면 단독으로 복수를 표시할 수 있다.

  ⑨ 这都是你们的课本。(= 这些都是你们的课本。)

다음 문장의 표현이 맞는지 판단해봅시다.

1 在韩国我有很多朋友们。

2 这些三个人都是我同学。

3 他们是我的中国同学们。

4 我跟三个中国朋友们一起去。

5 我的中国朋友都很客气。

6 我的中国朋友们都很客气。

37

很多와 不少와 很少

我们班有多日本学生。(×)
我们班有少日本学生。(×)
我家里有很少人。(×)
最近很多下雨。(×)

다음 문장을 살펴보자.

	A	B
1	我们班有很多日本学生。	我们班日本学生很多。
2	我们班有不少日本学生。	我们班日本学生不少。
3		我们班日本学生不多。
4		我们班日本学生很少。

1과 2, 3과 4의 뜻이 비슷하고, A와 B의 뜻도 비슷하다.

첫째, "多", "少"가 관형어일 때 "多", "少" 단독으로 쓸 수는 없고 앞에 "很"을 붙여 "很多", "不少"라고 해야 한다. 일반적으로 "很多", "不少" 뒤에는 "的"를 사용하지 않는다.

$$\left[\begin{array}{c} 很多 \\ 不少 \end{array}\right] + 명사$$

① 我有很多英文书。

② 我有不少英文书。

③ 他有很多钱。

④ 他有不少钱。

"有很少书", "有非常少书", "有不多书", "有非常多书" 등은 틀

린 표현이라는 것에 주의해야 한다. "书很少", "书非常少", "书不多", "书非常多"라고 해야 맞다.

    ⑤ 他家里书很少。

둘째, "多", "少"가 술어로 쓰여 비교에 중점을 두지 않는 상황에서는 "多", "少" 앞에 "不", "不太", "比较", "很", "非常" 등을 사용한다.

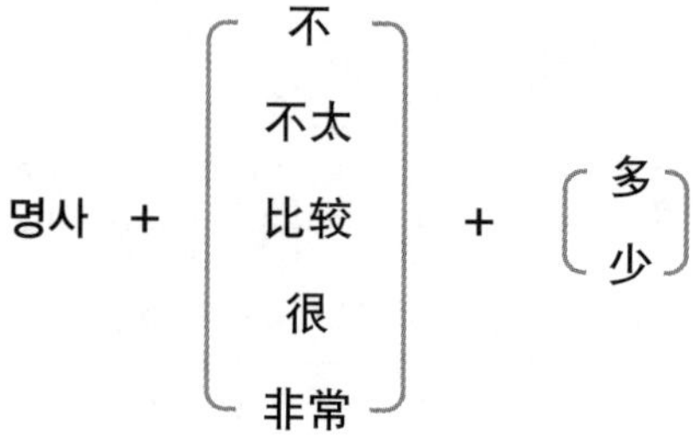

    ⑥ 我家里人不太多。

    ⑦ 我家里人比较多。

    ⑧ 我家里人很少。

    ⑨ 我家里人非常少。

셋째, 앞의 것과 뒤의 것을 비교하는 내용의 문장에서 "多", "少"는 단독으로 술어가 될 수 있으며 "多", "少" 앞에 "不", "不太", "比较", "很", "非常" 등은 쓰지 않아도 된다.

    ⑩ 这家商店东西多，那家商店东西少。

    ⑪ 我们班美国人多，他们班美国人少。

    ⑫ 他的钱比我多。

넷째, "很少"가 동사 앞에 쓰일 때는 '～하는 경우는 별로 없다'는 의
미이고, 그 반대말은 "经常" 혹은 "常常"이지 "很多"가 아니다.

 ⑬ 最近很少下雨。

 ⑭ 最近很多下雨。(×)

 ⑮ 我们都很忙，很少见面。

 ⑯ 我们不太忙，很多见面。(×)

⑭와 ⑯은 다음과 같이 고쳐야 한다.

 ⑭ 最近经常(或常常)下雨。

 ⑯ 我们不太忙，经常(或常常)见面。

각 문장의 틀린 곳을 찾아 고쳐봅시다.

1 A：你家里人多不多？

 B：我家里人少。

2 我们班有多学生。

3 他有比较多书。

4 这个书店不多书。

5 这个书店很少书。

6 北海道冬天很多下雪。

7 上课的时候，他很多说话。

38

是四倍와 多三倍

我们学校有二千人，他们学校有八千人，
他们学校的人数比我们学校多四倍。　(×)
我们学校有二千人，他们学校有八千人，
我们学校的人数比他们学校少三倍。　(×)

"是四倍"는 "多三倍"의 의미이고 "增加了三倍"는 "增加到四倍"
라는 뜻이다.

위 문장의 확실한 이해를 위해 다음 문장을 살펴보자.

　　　　我们学校：二千人　　　　他们学校：八千人

① 他们学校的人数**是**我们学校**的四倍**。

　　　　8000 ÷ 2000 = 4

② 他们学校的人数**比**我们学校**多三倍**。

　　　　(8000 - 2000) ÷ 2000 = 4

▶ a 是 b 的 c 倍 = a 比 b 多(c-1)倍

中国的人口是美国的五倍 = 中国的人口比美国多四倍

我们班男生是女生的三倍 = 我们班男生比女生多两倍

③ 我们学校的人数**是**他们学校**的四分之一**。

　　　$\dfrac{2000}{8000}$　　$\dfrac{1}{4}$

 **다음을 계산해봅시다.**

我们厂生产 9000 辆自行车。

他们厂生产 3000 辆自行车。

1 我们厂生产的自行车是他们厂的 ______ 。

2 他们厂生产的自行车是我们厂的 ______ 。

3 我们厂生产的自行车比他们厂多 ______ 。

4 他们厂生产的自行车比我们厂少 ______ 。

39 一天과 一年과 一个月

 我学过一个年汉语。(×)

[수사 + 양사 + 명사]

중국어에서는 수사와 명사의 중간에 양사를 써야 한다.

일례로 "一个大学", "一本书", "一杯茶" 등을 들 수 있다. 그러나 "天", "年", "小时", "星期" 등 몇 개의 명사는 양사에 따라서 그 용법이 달라진다.

다음을 비교해보자.

一个月	一月(×)	한 달
一个年(×)	一年	한 해
一个天(×)	一天	하루
一个小时	一小时	한 시간
一个星期	一星期	한 주

'한 달'은 중국어로 "一月"가 아니다. ("一月"는 '1월'의 의미이다). 하지만 '한 해', '하루'는 "一个年", "一个天"이 아니다. 또한 '한 시간', '한 주'는 "一个小时", "一个星期" 또는 "一小时", "一星期" 두 가지로 말할 수 있다.

다음을 비교해보자.

半个月	半天	半年
一个月	一天	一年
一个半月	一天半	一年半

1. 다음을 중국어로 말해봅시다.

1 한 해, 한 달, 하루

2 일 년 반

3 한 달 반

4 하루 반나절

5 한 시간 반

2. 아래의 문장 중 옳은 문장을 골라봅시다.

1 A. 我在中国住过一年。

  B. 我在中国住过一个年。

2 A. 他学过一个月汉语。

  B. 他学过一月汉语。

3 A. 我们一个星期休息两个天。

  B. 我们一个星期休息两天。

40 这本书와 这些书

这些本书都是我的。(×)

"本"은 양사이고 "些"도 양사이다. "这"와 "书" 사이에는 하나의 양사만을 써야지 두 개 다 쓸 수는 없다.

"这本书"는 "这一本书"와 같은 뜻으로 단수이다. "这些书"는 복수이다.

단수	복수
一本书　책 한 권	一些书　책들
这本书　이 책	这些书　이 책들
那本书　저(그) 책	那些书　저(그) 책
哪本书　어떤 책	哪些书　어떤 책들

① a：这个人是我朋友。

　　b：这些人都是我朋友。

② a：这辆自行车是新的。

　　b：这些自行车都是新的。

③ a：这张是上海地图。

　　b：这些都是上海地图。

遍과 次

"遍"과 "次"는 앞에 수사를 동반하여 동사 뒤에 놓이며, 동작의 횟수를 설명한다. "遍"은 동작의 시작부터 끝까지의 전 과정을 강조하며 내용의 중복을 나타낼 수도 있다. "次"는 동작의 중복만 나타내며 내용과는 무관하다.

① 我看过三次中国电影。

② 这个电影我看过三遍。

①은 '나는 중국 영화를 세 차례 본 경험이 있다' 는 의미로, 여기서 "三次"는 각각 다른 세 편의 영화를 보았음을 나타낼 가능성이 높다. ②는 '나는 이 영화를 세 번 보았다' 는 뜻으로, 여기서 "三遍"은 같은 영화를 세 차례 반복해서 보았음을 의미한다.

遍 또는 次를 써서 빈칸을 채워봅시다.

1 这篇课文我已经读过很多 _____ 了。

2 我打了三 _____ 电话，还是打不通。

3 刚才的录音我没听清楚，可不可以再放一 _____ 。

4 我想再去豫园吃一 _____ 小笼包子。

5 这药每天吃三 _____ ，每 _____ 吃两片。

6 老师，这个汉字怎么写，请再写一 _____ 。

一部电影과 一场电影

"一场电影"은 '한 차례, 한 회에 방영되는 영화'를 말한다.

"一部电影"은 어떤 제목이나 특정 내용을 가진 '영화 한 편'을 말하고, "一场电影"은 '한 차례, 한 회에 방영되는 영화'를 말한다. "一场电影"의 경우에는 한 번에 두 편의 영화를 방영할 수도 있다. 그리고 "早场电影(오전 상영 영화)", "中午场电影(주간 상영 영화)", "夜场电影(야간 상영 영화)", "学生场电影(학생 단체 관람 상영 영화)" 등으로 상영 시간이나 대상을 나타내기도 한다. 또 "第一场放映两部故事片", "第二场放映一部科教片"이라고 말할 수 있다.

다음 문장을 비교해보자.

① 你觉得这部(个)电影怎么样？

② 第一场电影从几点到几点？放几部电影？

③ 我看过好几部中国电影。

④ 听说今天晚上学校有一场电影。

⑤ 这部(场)电影什么时候开始？

43

一张画와 一幅画

종이가 아닌 다른 곳에 그린 그림, 또는 종이에 그리고 표구를 한 그림 모두
"**一幅画**"라고 한다.

"张"은 종이의 양사로 종이 위에 그린 그림 한 장을 "一张画"라고 한
다. 그림 한 장을 비단으로 표구하거나 겉에 액자를 하면 우아하고 세
련된 예술품이 되는데, 이렇게 장식으로 꾸민 그림 한 폭을 "一幅画"
라고 한다. 종이가 아닌 다른 곳에 그린 그림도 모두 "幅"를 양사로
쓸 수 있다.

    ① 那幅油画是谁的作品？

    ② 这是一幅木版画。

    ③ 你看，这幅画是用贝壳(bèiké)拼制成的。

    ④ 墙上画了一幅大大的宣传画。

"一张画"와 "一幅画"는 결합하는 동사가 서로 조금씩 다르다.

    ① a：墙上**贴**着一**张**画。

       b：墙上**挂**着一**幅**画。

       c：墙上**画**着一**幅**画。

    ② a：他**画**了一**张**画。

       b：他**画**了一**幅**画。

       c：他**制作**了一**幅**画。

    ③ a：这首诗**像**一**幅**画那样美丽动人。

       b：这首诗**像**一**张**画那样美丽动人。(×)

액자, 표구를 해서 장식으로 꾸며놓은 사진 한 장을 "一幅照片"이라
고 한다.

44

一群人과 一伙人과
一堆人과 一批人

“群”, “伙”, “堆”, “批” 등은 많은 사람이 함께 있을 때 그 무리를 나타내는 양사이다. 그러나 이들의 용법은 서로 다르다

“一群人”은 아주 많은 사람이 함께 모여 있음을 나타낸다.

　　① 一群漂亮的姑娘和一群年轻的小伙子边歌边舞。

　　② 每天早上公园里一群一群的老人在锻炼身体。

“一伙人” 역시 많은 사람이 함께 모여 있음을 뜻하고 몇 사람 혹은 많은 사람이 모인 한 집단을 가리키기도 한다. 보통 “这一伙”, “那一伙”라고 말하며 “一伙人”은 좋지 않은 뜻을 나타내기도 한다.

　　③ 这一伙人是干什么的？

　　④ 这几个人是一伙的, 专门偷别人的自行车。

　　⑤ 外面进来一伙人, 说要见公司的领导。

⑤의 “伙”는 “群”으로 바꿀 수도 있다.

“一堆人”도 많은 사람이 함께 모여 있음을 뜻한다. “堆”는 동사로도 쓰일 수 있다. 보통 한데 쌓인 물건이나 같이 모인 일행이 무질서한 상태일 때 쓰이므로 “一堆人”은 함께 모인 사람들의 상태가 약간 어수선하거나 질서가 정연하지 못함을 가리킨다. “一堆人”이 가리키는 사람 수는 “一群人”보다 많지 않을 때도 있다.

　　⑥ 那儿围着一堆人在看什么？

　　⑦ 场地上横七竖八地躺着一堆一堆的伤员。

　　⑧ 一堆堆人, 有的躺着, 有的蹲(dūn)着, 有的站着。

⑥의 "堆"는 "群", "伙"로 바꿀 수 있으나 "堆"가 둘러선 사람들의
혼잡한 정경을 좀 더 구체적으로 표현한다.

"一批人"은 동시에 행동하는 한 무리의 사람을 가리킬 뿐 분산되어
있는 사람들을 통칭하는 뜻은 없다. 이 밖에도 "批"를 써서 "第一(数
字)批(첫번째 무리)", "上一批(앞무리)", "下一批(뒷무리)", "分批
(무리를 나누다)" 등으로 말할 수 있다.

    ⑨ 这个饭店的生意很好，一批客人刚走又来了一批。

    ⑩ 今天又来了一批新同学。这第五批学生都是从德国来的。

       明天还有一批从日本来的留学生。

    ⑪ 五百个学生分三批去参观游览东方明珠。

"一帮人"은 "一伙人"과 쓰임이 비슷하다. "一帮子", "一大帮子"
라고도 말할 수 있는데 많은 사람을 가리킨다. "群", "堆", "批"도
"一大群", "一大堆", "一大批"라고 말할 수 있지만, "伙"만은 "一
大伙"라고 말할 수 없다. 그러나 "群", "堆", "批", "伙", "帮"은 모
두 "一小群", "一小堆" 등으로 말할 수 있다.

"群"은 또 동물의 양사로도 쓸 수 있다.

    一群鸡　　　　一群马

"堆"는 물건의 양사로도 쓸 수 있다.

    一堆脏衣服　　　　一堆泥土　　　　一堆书　　　　一堆火

"批"는 수량이 비교적 많은 물품이나 문서 등에 쓸 수 있다.

    ① 这批彩电一共两百台。

    ② 今天商店开始供应一批处理的日用品。

    ③ 请把这批信件送到各个办公室去。

45

“桌上没有一本书”일까, “桌上没有书”일까?

桌上没有一本书。(×)
他今天没穿一件红大衣。(×)
我昨天没看一场电影。(×)

다음 문장을 비교해보자.

① a : 桌上有一本书。

   b : 桌上没有书。

② a : 他今天穿了一件红大衣。

   b : 他今天没穿红大衣。

③ a : 我昨天看了一场电影。

   b : 我昨天没看电影。

a는 모두 긍정문이고, b는 모두 부정문이다. 우리는 보통 긍정문에서는 수량사를 사용하지만 부정문에서는 수량사를 사용하지 않는다. 왜냐하면 “没有”, “没穿”, “没看”은 근본적으로 ‘많고 적고’의 문제를 제기할 까닭이 없기 때문이다. 그러나 다음과 같은 경우는 예외라 하겠다.

④ 桌上没有一本书。

⑤ 房间里没有一个人。

④, ⑤는 ‘책상 위에 책이 한 권도 없다’, ‘방 안에 사람이 한 명도 없다’는 뜻으로 읽을 때 “一”를 강하게 읽어 ‘하나도 없음’을 강조해준다.

桌上连一本书也没有。

房间里连一个人也没有。

46

哪本书 와 什么书

여기에서 "哪"는 '어느'의 의미이다. "哪"의 뒤에는 반드시 양사가 와야 하지만, "什么"의 뒤에는 일반적으로 양사가 오지 않는다.

什么 + 명사

这
那 ┃ + (수사) + 양사 + (명사)
哪

① A：你买什么？

B：我买词典。

② A：你买<u>什么词典</u>？

B：汉英词典。

A：这儿有三本词典，你要买<u>哪(一)本</u>？

B：我要买<u>这(一)本</u>。

A：<u>那(一)本</u>词典要不要？

B：不要。

③ A：你家有几个人？

B：四个。

A：<u>哪四个</u>？

B：爸爸、妈妈、我和我弟弟。

④ A：你喜欢吃<u>什么水果</u>？

B：<u>我什么水果</u>都喜欢吃。

⑤ A：你喜欢吃<u>哪种水果</u>？

B：我<u>哪种水果</u>都喜欢吃。

哪 또는 **什么**를 써서 빈칸을 채워봅시다.

1 你想去 ＿＿＿＿ 地方？

2 你想去 ＿＿＿＿ 个地方？

3 请问，＿＿＿＿ 位是王先生？

4 他是 ＿＿＿＿ 人？

5 他是 ＿＿＿＿ 国人？

6 这些邮票 ＿＿＿＿ 张都很漂亮。

7 听说你们班有三个同学马上要回国了，请问是 ＿＿＿＿ 三个？

8 这些照片里你最喜欢 ＿＿＿＿ 几张？

9 你爱吃 ＿＿＿＿ 菜？

47

怎么说와 说什么

"怎么"는 '어떻게', '무엇을 가지고' 라는 의미이고, "什么"는 '무엇' 을 의미한다. "怎么"는 대개 동사의 앞에 놓여 동작의 방식을 지적하는 상황어로 쓰이며, "什么"는 동사의 뒤에 놓여 목적어로 쓰인다.

> 동사 + 什么
> 怎么 + 동사

① A : 你怎么去？

　 B : 我骑自行车去。

② A : 你吃什么？

　 B : 我吃面包。

③ 你想说什么就说什么。

④ 你想怎么说就怎么说。

怎么 또는 **什么**를 써서 빈칸을 채워봅시다.

1 请问，这个字 ______ 写？

2 你在大学学习 ______ ？

3 你说 ______ ？

4 "I study Chinese" 汉语 ______ 说？

5 你在写 ______ ？

48

它와 it

"它"는 "it"의 의미이다. 영어에서는 "it"이 자주 쓰이지만, 중국어 구어에서 "它"는 적게 쓰이는 편이다. 예를 들면, "这是今天的报纸, 你要看它吗?"라고 말하지 않고 다음과 같이 말한다.

　　① 这是今天的报纸, 你要看吗?

보통은 "这是我买的花, 你喜欢它吗?"라고 말하지 않고, 다음과 같이 말한다.

　　② 这是我买的花, 你喜欢吗?

혹은 다음과 같이 말한다.

　　③ 这是我买的花, 这花你喜欢吗?

물론 이 "它"를 반드시 사용해야 할 때도 있다.

　　④ 这面包已经坏了, 把它扔了吧。

이때, "它"는 "把"의 목적어가 되는데 "把"의 목적어는 생략할 수 없다.

49

咱们과 我们

咱们 = 我们 + 你们

"咱们"은 북방인이 많이 사용하는 단어이다. 말하는 사람이나 말하는 사람 쪽의 일행(我们)뿐만 아니라, 듣는 사람(你们)까지 포함한다. 즉, "我们 + 你们"의 의미이다. 남방에서는 대다수의 사람들이 "我们"만을 사용하고 "咱们"은 사용하지 않는다.

다음 대화를 살펴보자. (五个人 : A, B, C, D, E)

A : 我们(A、B、C)是第一中学的学生, 你们(D、E)是哪个学校的？

D : 我们(D、E)也是第一中学的。

B : 哦, 那咱们(A、B、C、D、E)是同一个学校的。 我们(A、B、C)去看电影, 你们(D、E)呢？

E : 我们(D、E)也去看电影。

C : 时间不早了, 咱们(A、B、C、D、E)快走吧。

그림으로 보면 다음과 같다.

A B C	D E
我们(你们)	你们(我们)
咱们	

50

"在房间学习"일까, "在房间里学习"일까?

他正在房间学习。(×)
书都放在桌子。(×)
他从衣柜拿出来一件衣服。(×)

"从", "在", "到", "去" 등의 목적어는 대개 장소어이며 장소어는 방위사와 결합하여 쓸 수 있다.

   ① 他就在<u>前面</u>。

   ② 我去<u>东边</u>，你去<u>南边</u>。

   ③ 他从<u>里面</u>出来。

장소어는 '보통명사 / 대명사+방위사'의 형태로도 쓰일 수 있다.

   ④ 图书馆就在<u>食堂前面</u>。

   ⑤ 他正在<u>房间里</u>学习。

   ⑥ 书都放在<u>桌子上</u>。

   ⑦ 他从<u>衣柜里</u>拿出来一件衣服。

장소어는 또 "보통명사 / 대명사 + 这里(儿) / 那里(儿)"의 형태로도 쓸 수 있다.

   ⑧ 我刚从<u>小王那儿</u>来。

   ⑨ 你的信在<u>我这儿</u>。

 **1. 아래의 방위사를 써서 빈칸을 채워봅시다.**

上　　下　　前面　　中间　　外面　　里面

1 他家在我家 ______ 。

2 星期天，到街 ______ 去走走吧。

3 他刚从飞机 ______ 下来。

4 我们到房间 ______ 去散散步吧。

5 他坐在小王和小张的 ______ 。

6 我去楼 ______ 找一位朋友。

2. 这儿 또는 那儿을 써서 빈칸을 채워봅시다.

1 他刚从王老师 ______ 回来。

2 什么时候到我 ______ 来玩玩呀？

3 我很想到你 ______ 去，可是一直没空。

在书店_과 在书店里

① 我在书店等你。

② 我在书店里等你。

위의 문장에서는 ①, ② 모두 맞다. 종종 ①처럼 "里"를 생략할 수 있다. 왜냐하면 "书店"은 책을 판다는 특정 성격을 가진 기관이자 장소이기 때문이다. "工厂", "商店", "学校", "教室", "银行", "饭店", "邮局" 등도 모두 어떤 장소를 가리킬 수 있기 때문에 다음과 같이 "里"를 생략하고 말할 수 있다.

③ 他现在在学校(里)。

④ 我看见他从邮局(里)出来。

⑤ 我今天晚上到教室(里)看书去。

그러나 "房间", "桌子", "瓶子", "衣柜", "书包" 등은 장소가 아니고 만들어진 사물이므로 "里"를 생략하면 안 된다.

⑥ 他现在在房间里。

⑦ 书都在书包里。

在中国里일까, 在中国일까?

他现在在中国里学习汉语。(×)

他在北京里工作。(×)

국명이나 지명 뒤에는 "里"를 사용할 수 없다.

① 他现在在中国学习汉语。

② 他在北京工作。

③ 他下午到北京大学去。

④ 他昨天从天津来的。

北东일까, 东北일까?

北东 (×) / 南东 (×) / 北西 (×) / 南西 (×)

중국어에서는 방향을 가리키는 '동서남북'을 표현할 때 다음 표현들
은 쓰지 않는다.

北东 (×)　　　　南东 (×)

北西 (×)　　　　南西 (×)

다음과 같이 말해야 한다.

东北　　　西北

东南　　　西南

① 他来自西南地区。

② 他是东北人。

③ 复旦大学在上海的东北角。

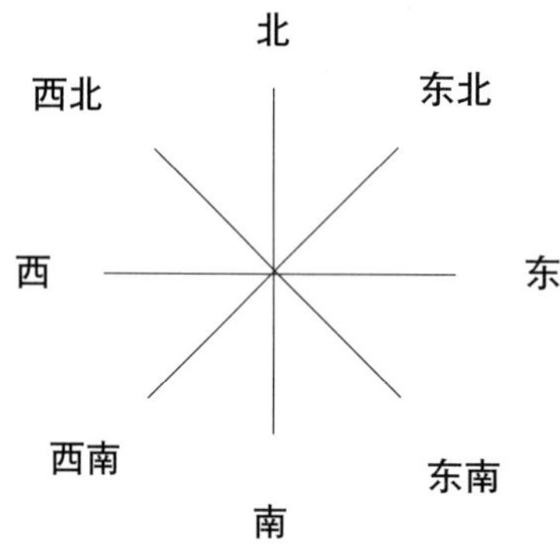

书店左边과
左边的书店

邮局在左边书店。(×)
前面我家有一条河。(×)

"书店左边"과 "左边的书店"은 다르다. "书店左边"은 우리에게 "什么地方(어느 곳)"인가를 알려주고, "左边的书店"은 우리에게 "哪个书店(어느 서점)"인가를 알려주는 것이다.

① 邮局在<u>书店左边</u>，银行在<u>书店右边</u>。(윗그림 참조)

② <u>书店左边</u>有一个邮局，<u>书店右边</u>有一个银行。(윗그림 참조)

③ 这儿有两个书店。<u>左边的书店</u>卖中文书，<u>右边的书店</u>卖外文书。(아랫그림 참조)

첫째,

$$\left.\begin{matrix} 명사 \\ 대명사 \end{matrix}\right\} + 방위사 \Rightarrow 장소$$

我	前面
他和我	中间
我家	前面
桌子	上面
电影院	旁边

④ <u>我家前面</u>有一条小河。

⑤ <u>桌子上(面)</u>放着许多书。

⑥ A：请问，邮局在哪儿？

　　B：邮局在<u>电影院旁边</u>。

둘째,

$$방위사 \ + \ \text{"的"} \ + \ 명사(어느 사람, 어떤 물건)$$

前面	的	那个人
下面	的	东西
你家前面	的	那条小河

⑦ <u>你家前面的那条小河</u>叫什么名字？

⑧ A：那两个人是谁？

B：<u>前面的那个(人)</u>叫郑永太，<u>后面的那个</u>叫金成民，都
　　是韩国人。

1. A，B 중 알맞는 것을 선택하여 빈칸을 채워봅시다.

1 词典在 ______ 。(A 上面桌子　B 桌子上面)

2 日本在 ______ 。(A 东边中国　B 中国东边)

3 ______ 是孩子们的卧室。(A 外面的房间　B 房间的外面)

4 ______ 是我和妻子的卧室。(A 里面的房间　B 房间的里面)

5 小李坐在 ______ 。(A 我左边　B 左边的我)

6 照片上的两个人，______ 是我弟弟。(A 那个左边　B 左边的那个)

2. a 와 b의 의미가 같은지 다른지 생각해봅시다.

1 a：我在电影院对面等你。

　 b：我在对面的电影院等你。

2 a：他坐在汽车前面。

　 b：他坐在前面的那辆汽车上。

"我家离学校……"와 "从我家到学校……"

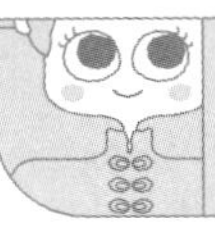

我家从学校很远。(×)

첫째, a 离 b……

여기서 a, b는 시간이나 장소를 나타낸다.

① 现在离吃晚饭还早。

② 现在离下课还有5分钟。

③ 今天离星期天只有3天了。

④ 我家离学校很远。

⑤ 我家离学校有10多公里。

⑥ 学校离我家很远，有10多公里。

①, ③은 시간적 거리를 나타내고 ④, ⑥은 두 장소 사이의 거리를 나타낸다.

둘째, 从 a 到 b……

여기서 a, b 역시 시간이나 장소를 나타낸다.

⑦ 从我家到学校有10多公里。

⑧ 从我家到学校要20多分钟。

⑨ 从我家坐车到学校要20多分钟。

⑦, ⑨는 두 장소 사이의 거리를 표시한다.

⑩ 从星期一到星期五，我们每天上午都有课。

⑪ 我们每天上午从8点到11点半都在教室上课。

⑩, ⑪은 두 시점의 거리를 표시한다.

从이나 离를 써서 빈칸을 채워봅시다.

ㅣ 现在 ＿＿＿＿ 十点钟还有五分钟。

2 ＿＿＿＿ 上海到北京有多远？

3 上海 ＿＿＿＿ 北京有多远？

4 他 ＿＿＿＿ 英国来的。

5 ＿＿＿＿ 现在开始，在课堂上只能说汉语，不能说英语。

56 朝南·向前走와 往桌上一放

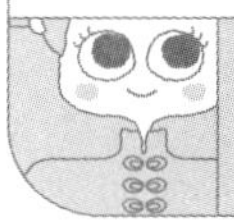

"朝", "向", "往" 이 세 단어의 용법은 비슷하지만 다른 점도 있다.

첫째, "朝"는 개사 외에 동사로 쓰일 수도 있다.

① 这个房间朝南，那个房间朝北。

이때는 "朝"를 써야지 "往"을 쓰면 안 된다.

둘째, 동작의 방향을 말할 때는 "朝", "向", "往" 모두 사용할 수 있다.

② 一直朝／向／往前走。

③ 请大家朝／向／往这儿看。

그러나, "朝／向"의 목적어로는 사람이나 물건을 나타내는 대명사나 명사로 쓰일 수 있지만 "往"의 목적어는 오로지 방위나 장소를 나타내는 단어와 어구만이 가능하다.

④ 他们都朝／向我看。

⑤ 他们都往我看。(×)

"往"을 쓰려면 반드시 다음과 같이 말해야 한다.

⑥ 他们都往我这儿看。

셋째, 만약 사람이나 사물의 위치 이동이나 변화를 나타내려면 반드시 "往"을 써야 한다.

⑦ 他把书往桌上一放，就出去玩了。

"书"는 원래 그의 손 안에 있었는데 현재는 탁자 위에 놓여 있어 "书"의 위치가 이동하고 변화했다. 이러한 상황 하에서는 "朝", "向"을 쓸 수 없다.

⑧ 他回到家，往沙发上一坐，看起报来。

 **朝, 向, 往을 써서 빈칸을 채워봅시다.**

1 他的宿舍 ＿＿＿＿ 北。

2 去首都剧场应该 ＿＿＿＿ 哪边儿走？

3 他 ＿＿＿＿ 我扔过来一个球。

4 他们什么东西都爱 ______ 墙上挂。

5 他正在 ______ 杯子里加水。

6 别 ______ 那头野猪开枪！

7 他 ______ 那头野猪身上开了一枪。

57 向你学习与 跟你学(习)

"向……学习"와 "跟……学(习)"의 의미는 약간 다르다. "向…… 学习"는 '~을 모범·이상형으로 삼아 본받는다' 는 의미이다.

　① 向雷锋同志学习。

　② 老师说：" 马丁上课最认真，成绩最好，同学们都要向他
　　　学习。"

"跟……学(习)"는 '~의 가르침으로 배운다', '~에게서 배운다' 는
의미이다.

　③ 老师，我想跟你学(习)画中国画，好吗？

58. 对와 对于

> "对"와 "对于"는 '～을 향해', '～에게', '대하다'는 의미의 개사로 동작 또는 행위의 대상을 이끌어낸다.

"对"와 "对于"는 주로 뒷부분의 명사와 함께 개사구를 조성하여 동작 혹은 행위의 대상을 이끌어낸다.

① 我对(对于)中国画很感兴趣。

　　(感兴趣的对象是中国画)

② 我们对(对于)服务员的服务态度感到非常满意。

　　(感到满意的对象是服务员的态度)

③ 对(对于)你们的盛情款待表示衷心的感谢。

　　(感谢的对象是你们的盛情款待)

"对"와 "对于"의 차이점은 다음과 같다.

첫째, "对于"는 능원동사와 부사 뒤에 쓸 수 없다.

④ a : 你应该对(对于(×))这起交通事故负责。

　　b : 你对(对于)这起交通事故应该负责。

　　c : 对(对于)这起交通事故，你应该负责。

⑤ a : 我们会对(对于(×))你的意见重新考虑的。

　　b : 我们对(对于)你的意见会重新考虑的。

　　c : 对(对于)你的意见，我们会重新考虑的。

⑥ a : 外国留学生都对(对于(×))中国的文化感兴趣。

　　b : 外国留学生对(对于)中国的文化都感兴趣。

　　c : 对(对于)中国的文化，外国留学生都感兴趣。

둘째, "对"는 또한 동작 혹은 행위의 방향 또는 목표를 이끌어낼 수 있으므로 "向", "朝(~에게, ~을 향하여)"의 의미가 있다.

⑦ 老师对(对于(×))我说：“你的发音进步很大。”

⑧ 我家的南面正对(对于(×))着那幢新造的高楼。

⑨ 她对(对于(×))我笑了笑。

셋째, "对"는 또 "对待(대하다)"의 의미가 있다.

⑩ 她对(对于(×))孩子很严厉。

⑪ 服务员对(对于(×))每一位顾客都非常热情。

⑫ 你怎么对(对于(×))工作这么不认真负责!

对 또는 对于를 써서 빈칸을 채워봅시다.

1 妈妈 ______ 你说的话你记住了吗？

2 学生们不会 ______ 这样的安排有意见的。

3 我们想 ______ 老师的课提点儿意见和要求。

4 马丁也 ______ 中国的书法感兴趣。

5 那家公司愿意 ______ 这项工程提供贷款。

6 他是刚来的, ______ 这儿的情况还不十分了解。

59

对于 와 关于

"对于"는 동작 행위의 대상과 주관적인 태도에 대해 말하는 것으로 주어의 앞, 뒤 어디에나 올 수 있다.
"关于"는 사물의 범위·내용 및 사물과 관련된 사람이나 일에 관하여 말하는 것으로 주어 앞에만 올 수 있다.

"对于"와 "关于"는 사물이나 현상에 대해 언급할 때 쓰인다. 모두 개사구를 구성하여 문장에서 관형어나 부사어가 될 수 있다.

　① 关于(对于)这个问题，我们要研究一下。

　② 对于(关于)今年学校招生的情况，我不太清楚。

　③ 对于(关于)工作的安排，大家有什么意见？

"对于"는 주로 대상 및 사물을 대하는 주관적인 태도에 대해 말할 때 쓰인다. "关于"는 주로 사물의 범위, 내용 및 어떤 것에 관련된 사람이나 일에 대해 말할 때 쓰인다.

　④ 对于(关于(×))这个问题，我们十分感兴趣。

　⑤ 对于(关于(×))你的热情帮助，我表示衷心感谢。

　⑥ 对于(关于(×))汉语的发音，大家应该特别重视。

　⑦ 会议的内容是关于(对于(×))安全生产的问题。

　⑧ 这是一份关于(对于(×))事故原因的调查报告。

　⑨ 请你介绍一下关于(对于(×))浦东发展的情况。

"对于"는 주어의 앞에 놓일 수 있고, 뒤에 놓일 수도 있다. ①, ②, ③, ④, ⑤, ⑥의 주어 "我们", "我", "大家"는 모두 "对于"의 앞에 놓일 수 있다.

"关于"는 주어 앞에만 놓일 수 있다. "关于"는 일반적으로 문장의 표제로 쓰지만 "对于"는 이렇게 쓰는 경우가 없다.

⑩ 这篇文章的题目是《关于环境污染的调查报告》。

对于 또는 关于를 써서 빈칸을 채워봅시다.

1 ______ 人民的生活疾苦，领导都应该十分关心和重视。

2 我很想了解 ______ 中国改革开放的新政策。

3 我看了一本 ______ 中日文化交流的书。

4 我 ______ "了" 的用法还不太清楚。

5 ______ 外商来华投资的各种问题，这篇文章都作了说明。

6 图书馆里有没有 ______ 上海历史发展的图片和资料？

60

至于 의 용법

"至于"는 다른 화제를 이끌어낼 때 쓰인다. 앞에 어떤 화제(어떤 사람, 어떤 물건, 어떤 일, 어떤 문제)에 대해 얘기하다가 뒤에 다시 또 다른 화제(또 다른 사람, 또 다른 물건, 또 다른 일, 또 다른 문제)를 얘기하고 싶을 때 문장과 문장의 중간에 "至于"를 쓴다.

① 你当然应该去，至于我，就可以不去了。

② 他只关心他自己，至于别人，他是不管不顾的。

③ 我们是肯定要去的，至于什么时候去，我们还没决定。

	话题 1	至于	话题 2
1	你		我
2	对他自己		对别人
3	要不要去		什么时候去

다음 빈칸을 채워 문장을 완성해봅시다.

1 早饭我们每天都在食堂吃，至于 ＿＿＿＿，那就不一定了。

2 我只知道他的姓名和地址，至于 ＿＿＿＿，我就不知道了。

3 今天我们介绍了中国的第一大河长江，至于 ＿＿＿＿，
我们明天再谈。

4 你们这些新学生都住二楼，这是学校的规定，至于 ＿＿＿＿，
可以由你们自己选择。

61 通过와 经过

① 我常常通过(经过(×))读报、看电视来了解中国的情况。

② 他通过(经过(×))小王认识了马丁。

①, ②에는 왜 반드시 “通过”를 써야 하고 “经过”는 쓸 수 없을까?

“通过”는 어떤 방식이나 수단을 이용하여 어떤 목적이나 결과에 도달하는 것이다.

▶ **通过 + 방식 · 수단 + 동사(목적 · 결과)**

“经过”는 이미 완성된 과정을 설명한 것이고, 이 과정이 상황의 변화를 일으키거나, 어떤 결과가 나타나게 할 때 쓰인다.

▶ **经过 + 완성된 과정 + 동사(결과 · 상황 변화)**

①에서 ‘신문을 읽다(读报)’나 ‘TV를 보다(看电视)’는 중국을 이해하는 ‘방법’이지 중국을 이해하는 ‘과정’이 아니다.

②에서 “小王”은 马丁을 아는 데 필요한 매개인이다. 따라서 이 두 문장에는 “通过”를 써야 한다.

③ 通过(经过(×))电脑，可以查到很多信息。

④ 我不会说汉语，他不会说英语，我们必须通过(经过(×))翻译才能互相交谈。

때로는 동일한 문장에 “通过”, “经过”를 모두 쓸 수 있다. 그러나 “通过”는 방법이나 수단을 강조하고, “经过”는 일의 과정을 강조한다.

⑤ 通过(经过)小王的介绍，我认识了马丁。

⑥ 通过(经过)调查，我们了解了事情的真相。

⑦ 那个病人通过(经过)中西医结合治疗，恢复得很快。

⑧ 通过(经过)谈判，双方签订了合同。

단지 과정만을 강조할 때는 "通过"를 쓸 수 없다.

⑨ 经过(通过(×))十几个小时的飞行，我们终于到达了北京。

⑩ 他们虽然经过(通过(×))一次又一次的失败，但是他们毫不灰心。

⑪ 经过(通过(×))激烈的比赛，决出了冠亚军。

"通过"는 동사도 될 수 있다.

① 你考试通过了没有？

② 这儿正在修路，车子不能通过。

"经过"가 동사가 될 때는 어떤 장소를 지났는지, 얼마만큼의 시간이 걸렸는지, 어떤 일을 겪었는지를 나타낸다.

③ 请问，火车经过南京的时候停不停？

④ 我们坐火车去昆明旅行，经过三天两夜才到。

"经过"는 명사도 될 수 있다.

⑤ 请你说说你们俩认识的经过。

⑥ 这本书写的是第二次世界大战的经过。

通过나 经过를 써서 다음 빈칸을 채워봅시다.

1 我想 ______ 你的关系，找王经理解决工作安排的问题。

2 我喜欢 ______ 广播、电视，介绍我们的产品。

3 ＿＿＿＿ 千百次的试验，证明这种药对医治癌症有一定疗效。

4 请把调查的 ＿＿＿＿ 写成报告。

62 根据와 按照

"根据"가 '왜 이렇게 말하는가, 왜 이렇게 하는가'를 뜻한다면,
"按照"는 '어떻게 하는가'를 뜻한다.

"根据"가 개사로 쓰일 때는 어떤 상황의 결론을 얻거나 판단을 내리는 전제, 혹은 말과 행동의 근거를 설명할 때 쓰인다. '어떻게 이러한 결론을 얻을 수 있는가? 왜 이렇게 말하는가? 왜 이렇게 하는가?'를 밝히는 것이다.

다음 두 가지 경우가 있다.

첫째,

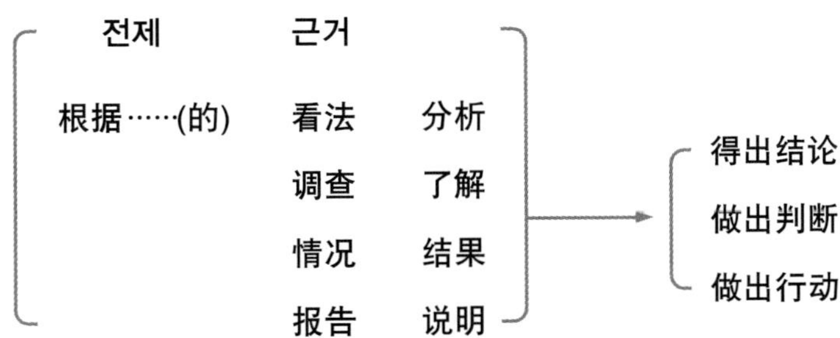

① 根据试验的结果，证明这么做是不行的。

② 根据天气预报，今明两天不会下雨。

③ 根据我们的调查，这件事跟他无关。

④ 你根据什么说我们的产品质量不好？

둘째, A + 是根据 + B + 동사(변동·결정) + 的
⑤ 这个电影是根据同名小说改编的。

⑥ 新的条例是根据大家的意见修订的。

⑦ 这个计划是根据实际情况制订出来的。

“根据”는 명사도 될 수 있다.

有(没有)根据　　找出根据　　理论根据

강조할 때는 “有根有据”, “没根没据”라고 말할 수 있다.
“按照”는 개사로서 “根据”의 뜻이 있으며 행위의 방법, 요구, 의도
획에 중점을 둔다. 또한 ‘어떻게 하는지’를 가리킬 수도 있다.

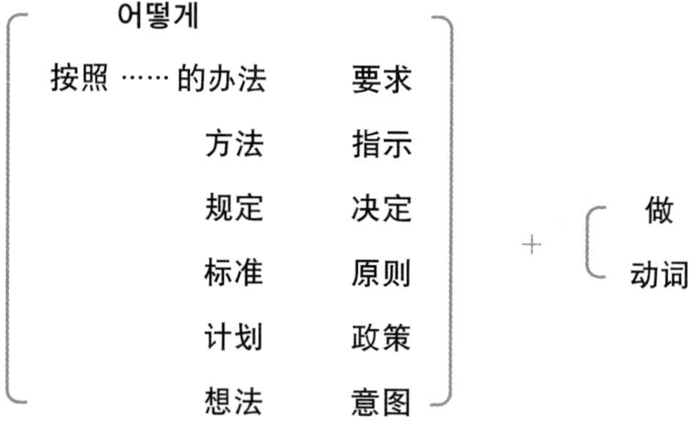

① 他按照指定的时间到达了目的地。

② 我们一定会按照你们的要求完成任务。

③ 如果按照这个办法去做，肯定成功。

④ 这件衣服是按照她的身材做的。

⑤ 他没按照汉字的笔画顺序写，所以写不快。

根据 혹은 **按照**를 써서 빈칸을 채워봅시다.

1 你 _____ 什么说这个句子错了？

2 _____ 医生的判断，他的病不太严重。

3 你应该 _____ 医生说的，坚持每天吃药，注意休息。

4 我们必须 _____ 预定的时间到达那儿。

<table>
<tr><td><h1>63</h1></td><td><h1>给의 용법</h1></td></tr>
</table>

"给……"는 문장에서 세 군데에 위치할 수 있다.

给他寄一封信

寄给他一封信

寄一封信给他

세 군데 중 어디에 위치해도 표현하려는 의미는 모두 같다.

　　　给他打一个电话 ＝ 打给他一个电话 ＝ 打一个电话给他

　　　给他留一个纸条 ＝ 留给他一个纸条 ＝ 留一个纸条给他

그러나, 아무 때나 세 위치에 모두 쓸 수 있는 것은 아니므로 문장의
동사가 무엇인지를 보아야 한다. 어떤 동사는 "给……"와 함께 쓰일
때 두 가지 어순만 취할 수 있다.　예를 들어 "卖"나 "交" 같은 동사
는 아래 두 가지 어순만 취할 수 있다.

　　　卖给他一件衣服 ＝ 卖一件衣服给他

　　　交给他五十块钱 ＝ 交五十块钱给他

다음은 잘못된 표현이다.

　　　给他卖一件衣服（×）

　　　给他交五十块钱（×）

그러나, 위의 두 문장 속의 "给"가 만일 "替(대신)"의 의미를 나타낸
다면 위와 같이 말할 수 있다.
또 한편 "买", "打(毛衣)" 같은 동사는 아래의 두 가지 어순만 취할
수 있다.

　　　给他买一本书 ＝ 买一本书给他

　　　给他打一件毛衣 ＝ 打一件毛衣给他

다음 문장은 잘못된 표현이다.

　　　卖给他一本书。(×)

　　　打给他一件毛衣。(×)

아래와 같이 정리해보자.
"给……"의 위치는 세 가지이다. 몇몇 동사와 함께 쓰인다면 "给……"

는 이 세 가지 위치에 모두 쓰일 수 있으며 의미는 변하지 않는다. 그러나 몇몇 동사에 있어서 "给……"는 그 중 어느 두 가지 위치에만 올 수 있다. 아래의 표를 보자.

给他寄一封信	寄给他一封信	寄一封信给他
卖给他一件衣服	卖一件衣服给他	
给他买一本书		买一本书给他

"给"는 위의 의미 외에 몇 가지 의미가 더 있다.

(A) "为" (~를 위해서)

    ① 老师正在给学生们上课。

    ② 我给你当翻译吧。

(B) "替" (~를 대신해서)

    ③ 你去邮局的话，能不能给我寄一封信？

    ④ 王老师病了，今天我给他代课。

(C) "被" (~에게)

    ⑤ 我的钱包给人偷走了。

위의 (A), (B), (C) 세 가지 의미를 표현할 때 "给……"는 반드시 동사의 앞에 놓여야만 한다.

64

呢 와 吗

언제 "吗"를 쓰고 언제 "呢"를 쓰는가? 먼저 의문문을 살펴보자.
중국어의 의문문은 네 가지가 있다.

첫째, 시비(是非)를 묻는 의문문
영어의 Yes - No Questions와 같고 "是", "不是", "对", "不对" 등으로 대답을 할 수 있다.
시비의문문은 문장 끝에 "吗"를 쓴다.(경우에 따라 쓰지 않을 수도 있다)

> …… 吗？

① A：今天星期三吗？

　 B：不，今天星期四。

② A：你会说汉语吗？

　 B：我会说一点儿。我在美国学过一年。

　 A：你是美国人？(你是美国人↗ = 你是美国人吗？)

　 B：是的。

③ A：你明天去北京吗？

　 B：我明天不去。我后天去。

둘째, 의문사를 사용하는 의문문
영어의 Wh-Question과 같고 '누구(谁)', '무엇(什么)', '어떻게(怎么样)', '어디(哪儿)', '얼마나(多少)', '몇(几)' 등을 묻는다. 이때

문장 끝에 "呢"를 쓰기도 하고 안 쓰기도 한다.

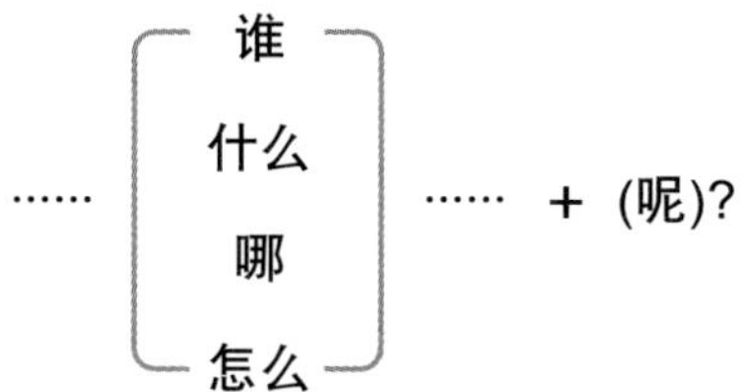

　④ A : 今天星期几？

　　　B : 今天星期四。

　⑤ A : 你是哪国人？

　　　B : 我是美国人。

　⑥ A : 你说你不想去北京，那你打算去哪儿呢？

　　　B : 我去广州。

셋째，반복의문문

형식은 다음과 같다. '동사 不 동사', '형용사 不 형용사', '동사 没 동사', '형용사 没 형용사' 등이다. 이때 "呢"를 쓰기도 하고 안 쓰기도 한다.

…… 동사 / 형용사 + [不 / 没] + 동사 / 형용사…… + (呢)?

　⑦ A : 你是不是美国人？

　　　B : 我不是。

　⑧ A : 他来了没有？

　　　B : 他还没来。

　⑨ A : 你昨天说去北京，今天说不去北京，你到底去不去北京呢？

　　　B : 我还没决定。

넷째，선택의문문

형식은 "······ 还是······"이다. 선택의문문 역시 "呢"를 쓰기도 하고
안 쓰기도 한다.

> A 还是 B + (呢)?

   ⑩ A： 今天星期三还是星期四？

      B： 今天星期四。

   ⑪ A： 他明天来还是不来？

      B： 他不来了。

   ⑫ A： 有的人想去北京，有的人想去广州。咱们去北京还是
         去广州呢？

      B： 我看，咱们去北京吧。

위의 내용으로부터 우리는 다음과 같은 규칙을 알 수 있다. '시비의
문문'은 "吗"를 쓰고(어떤 때는 쓰지 않는다), '의문사의문문', '반
복의문문', '선택의문문'은 "呢"를 쓴다.(또는 쓰지 않는다)

呢나 吗를 써서 빈칸을 채워봅시다.

1 这是你的词典 ______ ？

2 这是谁的词典 ______ ？

3 这是你的词典还是他的词典 ______ ？

4 这是不是你的词典 ______ ？

5 票买了 ______ ？

6 票买了没有 ______ ？

7 你去过什么地方 ______ ？

8 你什么地方都去过 ______ ？

65 "你知道他在哪儿呢"는 왜 틀린 표현일까?

你知道他在哪儿呢？(×)

다음 문장을 비교해보자

① 他在哪儿呢？

② 你知道他在哪儿吗？

③ 你想他在哪儿呢？

시비의문문만 "吗"를 쓰고, 의문사의문문·반복의문문·선택의문문은 모두 "呢"를 쓴다.

그러면 위의 ①, ②, ③은 어떤 의문문인가? ①, ②, ③ 모두 "哪儿"이 있어서 마치 모두 의문사의문문인 것 같지만 사실은 ②와 ①, ③은 다르다. ②는 "어디에 있는가"를 묻는 것이 아니고, '네가 알고 있는가'를 묻는 것이다.

다음 ②와 ③을 비교해보자.

② 你<u>知道</u>他在哪儿<u>吗</u>？ = 他在哪儿 + 你知道吗

③ 你想他<u>在哪儿呢</u>？ = 你想 + 他在哪儿呢

①, ③은 의문사의문문이므로 "呢"를 쓰지만, ②는 시비를 묻는 의문문이기 때문에 "吗"를 써야 한다.

"王老师呢"는 무슨 의미일까?

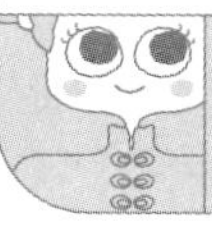

"王老师呢"에는 두 가지 뜻이 있다.

다음 문장을 비교해보자.

   ① A : <u>王老师呢</u>？

      B : 在教室上课。

   ② A : 李老师会说德语。

      B : <u>王老师呢</u>？

      A : 不会。

①과 ②의 "王老师呢"는 상황에 따라 그 의미가 다르다.

   ① "王老师呢？" = "王老师在哪儿？"

   ② "王老师呢？" = "王老师会不会说德语？"

"…… 呢"는 경우에 따라 의미가 달라진다. 대화할 때 가장 처음 한 말이 "…… 呢"이면 그 의미는 '~는 어디 있느냐'가 되고 다른 말을 하다가 "…… 呢"를 물으면 그 의미는 '~는 어떠냐'라는 것이다.

다음 의문문의 의미를 해석해봅시다.

  A : <u>我的鞋子呢</u>？

  B : 在床下。

2 A：我明天去杭州，<u>你呢</u>？

  B：我后天去。

3 A：<u>你同屋呢</u>？

  B：他出去了。

4 A：明天参观工厂。

  B：<u>后天呢</u>？

  A：后天休息。

67 "你去哪儿"과 "你去哪儿呢"

"你去哪儿"과 "你去哪儿呢"의 뜻은 같지 않다.

의문사의문문, 선택의문문, 반복의문문에서는 "呢"를 사용할 수도 있고 사용하지 않을 수도 있다.

① 你去哪儿？

② 你去哪儿呢？

그러면 ①과 ②는 같은가, 다른가?

아는 학우가 나가는 것을 보고 어디 가는지를 묻는 의미에서 그에게 "你去哪儿？"이라고 묻는다면, 이때는 "呢"가 필요 없다. 그러나, 다른 학우들은 모두 만리장성에 가려고 하는데, 한 학우만 그곳에 가기 싫고, 다른 곳에 가려는 상황일 때도 "那么，你去哪儿呢？"라고 물을 수 있다.

다음을 비교해보자.

    ③ A. a：<u>你明天干什么</u>？

         b：我明天去看朋友。

      B. a：你明天去看朋友吗？

         b：不去。

         a：在宿舍里学习？

         b：不学习。

         a：那，<u>你明天干什么呢</u>？

         b：我也不知道。

    ④ A. a：<u>你是不是美国人</u>？

         b：我是美国人。

      B. a：我爸爸是美国人，我妈妈是英国人。

         b：那么你<u>是不是美国人呢</u>？

         a：我是美国人。

    ⑤ A. a：我们<u>要不要等他一下</u>？

         b：不用了，让他一个人去吧。

      B. a：已经等了半个小时了，他还不来。我们还<u>要不要等他一下呢</u>？

         b：不用了，让他一个人去吧。

일반적이고 단순한 질문이라면 "呢"가 필요 없다. 그러나, 어떤 특별한 상황에서 더 나은 선택이나 판단을 필요로 할 경우 "呢"를 쓸 수

도 있는데(쓰지 않아도 되지만), 이때 그 앞에는 대체로 말을 이어주
는 접속사 "那么"를 쓴다.

▶ ……, 那么, ……呢?

68 "你有什么问题吗"와 "你有什么问题"

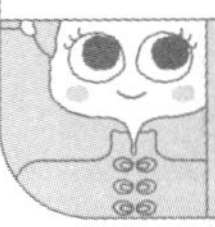

"你有什么问题吗?"와 "你有什么问题?"의 뜻은 다르다.

"你有什么问题吗?" × "你有会什么问题?"
"你有什么问题吗?" = "你有问题吗?"

일반적으로는 문장 안에 "谁", "什么", "哪儿" 등이 있으면 문장 끝
에 "吗"를 사용할 수 없다.

① 你要买什么?
② 你去哪儿?

그러나 "你有什么问题吗"의 "什么"에는 '무엇'이라는 의미가 없

다. 이 말은 '너의 문제가 무엇인지'를 묻는 것이 아니라 '너는 문제가 없느냐' 하고 물어보는 말이다. 이 경우에는 반드시 "吗"를 사용해야만 한다.

다음의 ③과 ④를 비교해보자.

    ③ A：你要买什么？

       B：我要买一个面包。

    ④ A：你要买点儿什么(东西)吗？(= 你要不要买东西？)

       B：不，我不想买什么，我只是随便看看。

⑤와 ⑥을 다시 비교해보자.

    ⑤ A：你喝什么？

       B：我喝啤酒。

    ⑥ A：你喝点儿什么吗？(= 你要不要喝点儿？)

       B：行。那就随便喝一点儿吧。

        (不，我什么也不想喝。)

69 "我都去过苏州、杭州"와 "苏州、杭州我都去过"

我都去过苏州、杭州。(×)

서술문에서 "都"는 앞의 단어와 어구만을 가리킬 뿐 뒷부분의 단어와 어구를 가리킬 수는 없다.

① 今天**大家都**来了。

② **上午、下午**我**都**有课。

③ **课本和词典都**带了吗？

다시 말하자면 "我都去过苏州、杭州。"라고 말하는 것이 아니라 "苏州、杭州我都去过。"라고 해야 하는 것이다.

④ 苏州、杭州我都去过。

그러나 의문문에서의 "都"는 뒷부분의 '누구(谁)', '무엇(什么)', '어디(哪儿)' 등을 가리킨다.

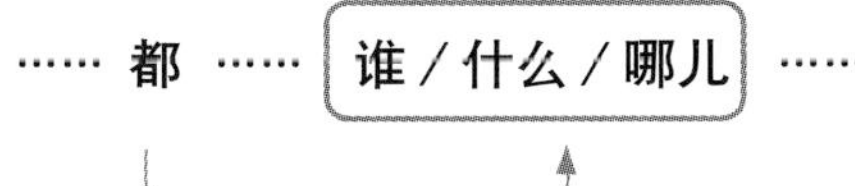

⑤ A：你家里**都**有**什么人**？

B：我家里有父亲、母亲、哥哥、姐姐。

⑥ A：你都去过哪儿？

B：我去过苏州、杭州。

⑤, ⑥의 대답에서는 모두 "都"를 사용할 수 없음에 주의해야 한다.

都를 써서 문장을 만들어봅시다.

1 我读过这些书 + 都

　→ ＿＿＿＿＿＿＿＿＿＿＿＿＿＿＿＿＿＿＿＿＿。

2 你读过哪些书 + 都

　→ ＿＿＿＿＿＿＿＿＿＿＿＿＿＿＿＿＿＿＿＿＿？

3 我认识他们 + 都

　→ ＿＿＿＿＿＿＿＿＿＿＿＿＿＿＿＿＿＿＿＿＿。

4 你认识谁 + 都

　→ ＿＿＿＿＿＿＿＿＿＿＿＿＿＿＿＿＿＿＿＿＿？

5 我们认识他 + 都

　→ ＿＿＿＿＿＿＿＿＿＿＿＿＿＿＿＿＿＿＿＿＿。

70

"不见到他" 와 "没见到他"

我昨天不见到他。(×)
他以前没认识我。(×)
一年以前他没会说汉语。(×)

다음 문장을 비교해보자.

① 我们星期六、星期天<u>不上课</u>。

② 我们明天<u>不上课</u>。

③ 我们昨天<u>没上课</u>。

①은 일반적인 상황으로, "不"를 쓴다. ②는 미래의 상황으로, "不"를 쓴다. ③은 과거의 상황이며, 일반적으로 "没"를 쓴다.

④ 我昨天没见到他。

다음 문장은 잘못된 문장이다.

⑤ 我昨天不见到他。(×)

다음을 비교해보자.

⑥ 我不喝酒。

⑦ 我没喝酒。

⑥은 '나는 줄곧 술을 마시지 않았고, 술 마시는 습관이 없음'을 말하거나 '나는 술 마실 생각이 없음'을 뜻한다. ⑦은 '조금 전 혹은 어제 술을 마시지 않았음'을 뜻한다.

⑧ A：你平时喝酒吗？

　　　　B：一般<u>不喝</u>。

⑨ (在饭店)

　　　服务员：喝酒吗？

　　　顾　客：<u>不喝</u>，只吃饭。

⑩ A：你昨天晚上喝酒了？

　　　B：<u>没喝</u>。

그러나, 만일 동사가 "会", "可以", "应该", "是", "喜欢", "认识", "像……"일 경우에는 과거의 상황이라 하더라도 "不"를 써야지 "没"를 써서는 안 된다.

　　⑪ 他以前不认识我。

　　⑫ 一年以前他不会说汉语。

다음을 비교해보자.

　　⑬ 一年以前他不会说汉语。

　　⑭ 一年以前他还没学会说汉语。

⑬의 동사 "会" 앞에는 "不"를 쓰고, ⑭의 동사 "学" 앞에는 "没"를 써야 한다.

不나 没를 써서 빈칸을 채워봅시다.

1 来中国以前，他 ______ 学过汉语。

2 他昨天病了，所以 ______ 去上课。

3 那个地方冬天 ______ 下雪。

4 我从来 ______ 喝酒。

5 我昨天在他家里只喝了点儿可乐，______ 喝酒。

6 我以前 ______ 喜欢跳舞，现在喜欢了。

7 你是谁？我 ______ 认识你啊。

8 我从来 ______ 见过熊猫，今天是第一次见。

71

不는 과거를 가리킬 수 있을까?

아래의 문장을 살펴보자.

① 那时候你不听我的劝告，现在后悔了吧？

② 那时候你没听我的劝告，现在后悔了吧？

①, ②는 모두 과거의 일을 가리키는데, ①은 "不"를 사용했고, ②는 "没"를 사용했다. 모두 맞는 표현이지만 의미는 조금 다르다. "没(有)"는 객관적인 서술에 쓰이고, "不"는 주관적 의지에 쓰이는 것에 주의해야 한다.

③ 当时我劝过他多次，可他就是不听。

④ 今天早上我太忙了，没听天气预报。

③에 쓰인 "不听"은 주관적인 의지로 '듣지 않으려 한다' 는 뜻이고,
④의 "没听"은 객관적인 여건 때문에 '못 들었다' 는 의미가 강하다.

72 "一本真便宜的书"일까, "这本书真便宜"일까?

这是一本真便宜的书。(×)
这是一本便宜极了的书。(×)

다음 문장을 살펴보자.

　　① 这本书真便宜！

　　② 这本书便宜极了！

　　③ 这本书好得很。

　　④ 今天热死了。

　　⑤ 我累坏了。

위의 문장은 모두 감탄문이다. 여기에서 "真便宜", "便宜极了",
"好得很", "热死了", "累坏了"의 의미는 '매우 싸다, 매우 좋다, 매

우 덥다, 매우 피곤하다' 이다. 정도가 심함을 나타낼 때 쓰는 "真……", "…… 极了", "…… 得很", "…… 死了", "…… 坏了"는 서술어로만 쓰일 뿐 주어를 수식할 수 없다.

다음은 잘못된 문구들이다.
　　　　⑥ 真便宜的书 (×)
　　　　⑦ 便宜极了的书 (×)
　　　　⑧ 好得很的书 (×)
　　　　⑨ 热死了的天气 (×)
　　　　⑩ 累坏了的人 (×)

어떤 사람이 더위에 못 견뎌 정말 죽었다면 "那个热死了的人", 어떤 사람이 피곤해서 진짜로 병이 들었다면 "那个累坏了的人"이라고 말할 수 있다. 그러나, 이 문구들은 감탄문이 아닌 서술문에 쓰인다.

73

怎么의 여러 가지 의미

다음 문장을 살펴보자.

① 他(是)怎么来的？

② 他怎么也来了？

③ 怎么，他也来了？

④ 他不怎么来。

⑤ 他怎么会来呢？

①의 "怎么"는 '어떻게(怎么样)'를 묻는 것이다. 대답은 '그는 비행기를 타고 왔다(他坐飞机来的)' 또는 '그는 자동차를 타고 왔다(他坐汽车来的)'라고 할 수 있다.

②의 "怎么"는 "恐"의 의미이다. 화자의 입장에서 볼 때 원래 그가 와서는 안 되는데, 그가 온 것을 보니 조금은 이상하다는 뜻이 담겨 있다.

③의 "怎么"는 '놀랐다'는 어감을 나타내며, 문장의 첫머리에 놓인다.

④의 "不怎么"는 "不太", "不很"의 의미이다. "不怎么来"는 곧 '아주 드물게 왔다'는 뜻이다.

⑤는 반어문으로, "怎么会来呢"는 '어떻게 왔겠느냐'는 뜻으로 '당연히 올 수 없다'는 뜻이다. 문장의 끝에는 주로 "呢"가 쓰인다.

1. 다음 각 문장의 怎么는 무슨 뜻으로 쓰였는지 생각해봅시다.

　１ 这个字怎么写？

　２ 你怎么在这儿？

　３ 怎么，今天没电？

　４ 这电影不怎么好看。

　５ 学生：老师，我不参加明天的考试，可以吗？

　　老师：那怎么可以？

2. 다음 대화를 완성해봅시다.

　１ A：你怎么知道我住在这儿？

　　B：＿＿＿＿＿＿＿＿＿＿＿。

　２ A：你昨天怎么没来上课？

　　B：＿＿＿＿＿＿＿＿＿＿＿。

　３ A：汽车怎么还不来！

　　B：＿＿＿＿＿＿＿＿＿＿＿。

　４ A：怎么，你也来了！

　　B：＿＿＿＿＿＿＿＿＿＿＿。

74

有点儿과 一点儿

어떤 때에 "一点儿"을 쓰고 어떤 때에 "有点儿"을 쓰는지 다음 세 경우를 살펴보자.

[有点儿 + 형용사 / 동사]

① 东西有点儿贵。

② 房间有点儿脏。

③ 他今天有点儿不高兴。

④ 他有点儿喜欢上她了。

[형용사 + (一)点儿]

⑤ 这件比那件贵一点儿。

⑥ 房间脏了一点儿。

⑦ 请说得慢一点儿。

[동사 + (一)点儿 + (명사)]

⑧ 桌子上有(一)点儿水。

⑨ 他今天买了(一)点儿菜。

⑩ 随便吃(一)点儿吧。

"东西有点儿贵"와 "桌上有点儿水"에 쓰인 "有点儿"의 의미는 다르다. "有点儿贵"는 "有点儿＋贵"로 "有点儿"은 부사로서 정도를

나타낸다. "有点儿水"는 "有＋(一)点儿水"로, "有"는 동사이며 "(一)点儿水"는 동사의 목적어이다.

그 밖에 강조를 표시할 때는 "一点儿…… 也……"의 형태를 사용한다.

> 一点儿也不贵　　一点儿水也没有
> 一点儿也不脏　　一点儿菜也没买

有点儿 또는 一点儿을 써서 빈칸을 채워봅시다.

1 今天他 ＿＿＿＿＿ 感冒。

2 我 ＿＿＿＿＿ 头疼。

3 他比我高 ＿＿＿＿＿ 。

4 这个字写得小了 ＿＿＿＿＿ 。

5 他 ＿＿＿＿＿ 累了。

6 他 ＿＿＿＿＿ 也不累。

7 他送给我 ＿＿＿＿＿ 礼物。

8 这是我的 ＿＿＿＿＿ 心意，请你收下吧。

9 请你说得慢 ＿＿＿＿＿ 。

"比较不远"일까,
"比较近"일까?

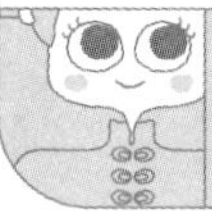

我家离学校比较不远.(×)

"比较" 뒤에는 부정 형식을 쓸 수 없으므로 아래 문장은 잘못된 문장이다.

① 我家离学校比较不远。(×)

② 这儿比较不干净。(×)

③ 这东西比较不贵。(×)

다음과 같이 말해야 한다.

④ 我家离学校比较近。

⑤ 这儿比较脏。

⑥ 这东西比较便宜。

또는 다음과 같이 말해야 한다.

⑦ 我家离学校不太远。

⑧ 这儿不太干净。

⑨ 这东西不太贵。

76   "有点儿便宜"일까, "比较便宜"일까?

"有点儿"은 정도가 심하지 않음을 나타내며, 일반적으로 별로 즐겁지 않거나 좋아하지 않는 일에만 사용한다.

① 她今天有点儿不高兴。

② 这儿的东西有点儿贵。

③ 这个房间有点儿脏。

④ 汽车上有点儿挤。

⑤ 我家离学校有点儿远。

아래의 표를 살펴보자.

	有点儿	比 较
贵	这儿的东西有点儿贵	这儿的东西比较贵
便宜		这儿的东西比较便宜

일반적으로 "贵"는 사람들이 좋아하지 않는 것이고 "便宜"는 좋아하는 것이라고 할 수 있다. "比较贵"와 "比较便宜"는 모두 맞는 표현이다. 한편 "有点儿贵"라고 말할 수는 있지만 "有点儿便宜"라고 말하지는 않는다.

그러나 어떤 변화를 나타내는 익미를 담은 문장에서는 좋고 나쁜 일에 상관없이 모두 "有点儿"을 쓸 수 있다.

⑥ 小伙子开始有点儿喜欢她了。

⑦ 小伙子开始有点儿讨厌她了。

"太便宜了"와 "太便宜"

我很喜欢住在那儿，那地方东西太便宜。(×)
中国太大，有很多游览的好地方。(×)

"太"에는 두 가지 뜻이 있는데 하나는 "非常(매우)"의 뜻이고 다른 하나는 "不合适(부적합하다)"라는 뜻이다.

"太便宜了"는 '매우 싸다'는 뜻이고 이때 "太"는 강세를 주어 읽어야 한다. "太……了"라고 할 때, "太"에 강세를 주어 읽으면 "非常……"의 의미가 된다. 이 경우 "太"가 강조하는 것은 긍정적인 것일 수도 있고 부정적인 것일 수도 있다.

太贵了　　　　太便宜了

太脏了　　　　太干净了

太伤心了　　　太高兴了

太吵了　　　　太安静了

① 我不喜欢住在那儿，那地方东西**太**贵了。
② 我喜欢住在那儿，那地方东西**太**便宜了。

강세를 "便宜" 위에 놓아 "太**便宜**(了)"라고 읽으면 '이렇게 싼 것은 적당하지 않다'는 뜻이 된다. 이때 "了"는 없어도 된다. "太 A (了)"를 읽을 때 강세가 A에 있으면 화자는 A한 것에 대해 '부적합하다'고 느끼고 있음을 나타내며, 이는 원하지 않는 부정적인 것이다.

③ A : 这东西大概质量不好。

　　B : 为什么？你怎么知道？

A : 因为这东西太**便宜**(了), 太**便宜**的东西往往质量比较差。

위에서 보듯 "太……" 형태의 문장에서 "了"가 없을 경우는 반드시 좋지 않은 것, 부적절한 것, 좋아하지 않는 것을 표현하는 것이다. 그래서 일반적으로 "太贵", "太脏", "太伤心", "太吵"라는 표현은 많이 쓰지만, "太便宜", "太干净", "太高兴", "太安静"이라고 말하지는 않는다. 후자는 일반 사람들이 좋아하는 것들이기 때문이다.

　④ 我不喜欢住在那儿, 那地方东西太**贵**。

예를 들어, 친구 집에 갔을 때 집 안이 매우 깨끗하다고 느껴 이를 긍정적으로 말할 경우에는 다음과 같이 말해야 한다.

　⑤ 你家**太**干净了！

만약 다음과 같이 말한다면

　⑥ 你家太**干净**。(×)

다소 어색한 느낌을 줄 것이다. 왜냐하면 위 문장은 '당신의 집은 이렇게 깨끗하면 안 되고, 나는 이렇게 깨끗한 것을 좋아하지 않는다'는 의미가 되기 때문이다.

78 "又说了一遍"과 "再说一遍"

他明天说过一遍, 刚才再说了一遍。(×)
老师, 我没听清楚, 请你又说一遍。(×)

아래 세 문장을 비교해보자.

   ① 这电影我以前看过, 昨天又看了一遍。

   ② 这电影我以前看过, 明天再看一遍。

   ③ 这电影我以前看过, 明天还想看一遍。

문장 ①은 "昨天", ②, ③은 모두 "明天"이다. 다시 말해서, 이미 발생한 일에는 "又"를 사용하지만, 아직 발생하지 않은 일이라면 "再", 혹은 "还"를 쓴다.

   ④ 他昨天说过一遍, 刚才又说了一遍。

   ⑤ 老师, 我没听清楚, 请你再说一遍。

그러나, 일이 발생하지 않았더라도 이미 결정되었거나 규율에 따라 반드시 그렇다면 "又要 / 该……了"로 말할 수 있다. 이때 "又" 뒤에는 "要" 혹은 "该"가 와야 하며, 문장 끝에는 "了"를 써야 하는 것에 주의해야 한다.

   ⑥ 寒假快结束了, 又要上课了。

   ⑦ 他刚从杭州回来, 明天又要去南京了。

又 혹은 再를 써서 빈칸을 채워봅시다.

1 他昨天上午来找你，你不在，昨天下午 ______ 来了。

2 我今天去找他，他不在，明天还得 ______ 去一次。

3 你怎么 ______ 感冒了？

4 请大家 ______ 听一遍。

5 明天 ______ 是星期一了， ______ 要上课了。

6 A : ______ 喝一杯吧。

   B : 不，不能 ______ 喝了，我已经有点儿醉了。

---

79 "想再去一次"와 "还想去一次"와 "还想再去一次"

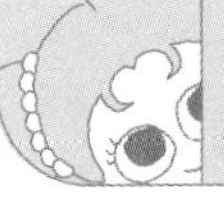

那个地方不错，他再想去一次。(×)
那个地方不错，他想还去一次。(×)

"还"와 "再"는 모두 미래의 중복을 표시할 수 있다. 그러나 용법은
약간씩 다르다.

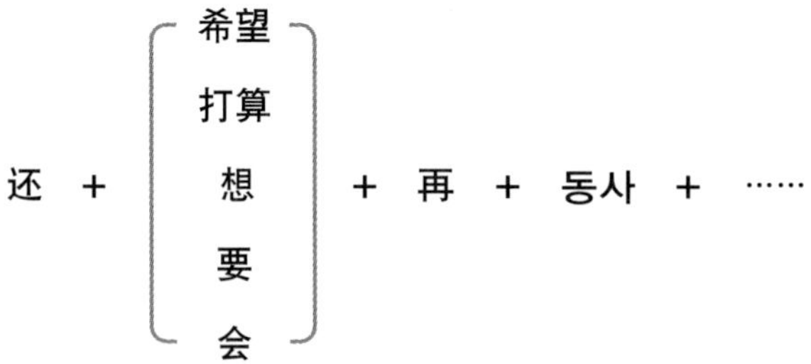

① 那个地方不错，他还想去。

② 那个地方不错，他想再去一次。

③ 那个地方不错，他还想再去一次。

　（"想" 앞에는 "还"를 쓰고, "想" 뒤에는 "再"를 쓴다.）

④ 这电影太好了，我明天还要看。

⑤ 这电影太好了，我明天再看一遍。

⑥ 这电影太好了，我明天还要再看一遍。

　（"要" 앞에는 "还"를 쓰고, "要" 뒤에는 "再"를 쓴다.）

再 혹은 还를 써서 빈칸을 채워봅시다.

1 这本词典你 ＿＿＿＿ 要用吗？

2 我想 ＿＿＿＿ 用一下你的词典，可以吗？

3 请 ＿＿＿＿ 说一遍。

4 这个问题解决了，＿＿＿＿ 会遇到新的问题。

5 我们 ＿＿＿＿ 想 ＿＿＿＿ 听一遍。

80

"再喝一杯啤酒" 와 "还喝啤酒"

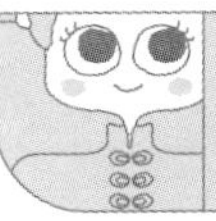

다음 문장을 비교해보자.

① a : 晚上我再给你讲一遍这个故事。

　　b : 晚上我还给你讲这个故事。

② a : 我们再喝几杯啤酒吧。

　　b : 我们还喝啤酒吧。

③ a : 明年我再学一个月汉语。

　　b : 明年我还学汉语。

④ a : 下午你们再练练口语吧。

　　b : 下午你们还练口语。

위 문장 중의 "还"와 "再"는 모두 미래의 중복을 표시하는데, a는 "再"를, b는 "还"를 사용했다. 무엇이 다를까? a는 모두 수량을 나타내고 있다. ①의 a에는 "一遍"이 있고, ②의 a에는 "几杯"가 있고, ③의 a에는 "一个月"가 있다. ④의 a는 동사의 중첩식을 사용하여 여러 번 실행해야 함을 말하고 있다. b에는 수량은 없고, 단음절 동사만 있다. 수량을 나타내는 문장에서는 "再"를 사용하여 수량의 증가를 표시한다.(예: 已经喝了几杯, 再喝几杯) 수량을 나타내지 않는 경우에 "还"를 사용하면 내용의 불변을 표시하여(예: 上一次是"喝啤酒", 这一次还是"喝啤酒") "仍旧(여전히, 변함없이)"의 의미가 된다.

81 "明天再去一次"와 "明天再去吧"

다음 문장을 비교해보자.

① 今天去了一次，明天再去一次。

② 今天没有时间了，明天再去吧。

①과 ②의 뜻은 서로 다르다. ①의 "再"는 중복을 나타낸다. 오늘 이미 한 번 갔지만, 내일 또 다시 간다는 뜻이다. ②의 "再"는 지연을 표시하는 것으로, 본래 오늘 갈 예정이었으나 오늘 가지 못해서 내일로 연기한다는 뜻이다. 지연을 표시하는 "再" 앞에는 일반적으로 모두 시간을 표시하는 단어가 쓰이며, 어느 때로 지연되었음을 알려준다. 아래 두 문장의 "再"는 모두 지연을 표시한다.

▶ 什么时候 + 再 (연기) + 동사

③ A : 电影票没买到，怎么办？

    B : 没关系，今天不看了，<u>明天再看吧</u>。

④ A : 时间不早了，我该回去了。

    B : 别着急。外面正在下雨，<u>等雨停了以后再回去吧</u>。

지연의 의미를 표시하는 再를 써서 문장을 완성해봅시다.

1 老师：明天考试。

  学生：我们来不及准备，能不能 ______ ？

2 A：你马上就来吧。

  B：我现在没空，______ ，可以吗？

3 A：我明天去看你，你在家吗？

  B：明天我不在家，后天在家。你 ______ 吧。

82 "八点钟就来了"와 "八点钟才来"

"就"는 화자가 생각보다 시간이 이르거나 수량이 적다고 여기는 것을 나타내고,
"才"는 화자가 생각보다 시간이 늦거나 수량이 많다고 여기는 것을 나타낸다.

"就"는 화자가 생각보다 시간이 늦거나 수량이 적다고 여기는 것을
나타내고, "才"는 화자가 생각보다 시간이 이르거나 수량이 많다고
여기는 것을 나타낸다.

① 电影晚上八点半开始，他八点钟就来了。

② 电影晚上七点半开始，他八点钟才来。

①에서 화자는 '그(他)'가 일찍 왔다고 여기지만, ②에서 화자는 '그(他)'가 늦게 왔다고 생각하는 것이다.

③ 从我家骑自行车到学校，只要5分钟就到了。
④ 从我家骑自行车到学校，要30分钟才到。

③의 경우 화자가 느끼기에 5분은 짧은 시간이며 집에서 학교까지의 거리도 가까운 편이다. ④의 경우에 30분은 화자에게 매우 긴 시간이며 집에서 학교까지의 거리도 좀 먼 편이다. 주의할 것은 "就"를 쓸 때는 ①, ③에서처럼 문장에 "了"가 쓰이지만, "才"를 쓸 때는 일반적으로 "了"를 쓰지 않는다는 점이다.

就 또는 才를 써서 빈칸을 채워봅시다.

1 她十七岁 ＿＿＿＿＿ 结婚了。

2 她四十岁 ＿＿＿＿＿ 结婚。

3 她常常迟到，我们已经上了半节课了她 ＿＿＿＿＿ 来。

4 每天，别人还在睡觉，她 ＿＿＿＿＿ 起床了。

5 这么多的生词，她只用半个小时 ＿＿＿＿＿ 全都记住了，可是我用了
一个半小时 ＿＿＿＿＿ 记住。

6 哎呀，你怎么 ＿＿＿＿＿ 来？我们等你半天了。

"都八点钟了"와 "才八点钟"

"都"는 화자가 시간이 늦거나 수량이 많다고 생각하는 것을 나타내고,
"才"는 화자가 시간이 이르거나 수량이 적다고 생각하는 것을 나타낸다.

"都"는 "已经(이미)"의 뜻으로 말하는 사람이 볼 때 시간이 늦거나
수량이 많음을 나타낸다. "才"는 "只(단지, 겨우)"의 뜻으로 시간이
이르거나 수량이 적음을 나타낸다.

① 都八点钟了，你怎么还在睡觉？
② 才五点钟，你怎么就起床了？

①에서 화자는 "你"가 매우 늦게 일어났다고 여기지만, ②에서 화자
는 "你"가 매우 일찍 일어났다고 여김을 나타낸다.

③ 你都买了五双皮鞋了，别买了吧。
④ 我才买了两双，还想再买一双。

③에서 화자는 "五双"이 이미 지나치게 많다고 느끼지만, ④에서 화
자는 "两双"이 매우 적다고 느낀다.
"都"를 쓸 때는 문장 끝에 "了"를 쓰고, "才"를 쓸 때는 문장 끝에
"了"를 쓰지 않는 점을 주의해야 한다.

**都 또는 才를 써서 빈칸을 채워봅시다.**

1 ______ 晚上十二点了，他还没回来！

2 ______ 下午四点钟，他们已经在吃晚饭了。

3 你 ______ 看了三个小时电视了，该休息一下了。

4 这篇文章你 ______ 写了一百个字，太短了！

84 "才演了一个半小时"와 "一个半小时才演完"

"才"는 문장 안에서 쓰이는 위치에 따라 그 의미가 달라진다.

① 这场戏才演了一个半小时。

② 这场戏一个半小时才演完。

①의 화자는 "一个半小时"라는 시간이 매우 짧다고 느끼며, 이때 "才"는 "只"의 뜻이다. 반면 ②의 화자는 "一个半小时"라는 시간이 상당히 길다고 느낀다.

이처럼 "才"는 문장 안에서의 위치에 따라 많다는 느낌을 나타낼 때도 있고 적다는 느낌을 나타낼 때도 있다. 수량이 "才"의 뒤에 놓이면 "少(적다)"라는 뜻이고, 만약 수량이 "才"의 앞에 놓이면 "多(많다)"라는 뜻이 된다.

A와 B를 비교해보자.

[A ⋯⋯ 才 ⋯⋯ 수량 ⋯⋯] 화자는 적거나 빠르다고 느낀다

③ 昨天的晚会才来了<u>十个人</u>。(사람이 적다)

④ 我才看了<u>两遍</u>，当然记不住。(횟수가 적다)

⑤ 我的汉语不好，我才学了<u>三个月</u>。(시간이 짧다)

⑥ 这孩子才<u>四岁</u>，却已经上学了。(나이가 어리다)

⑦ 别着急，今天才<u>星期三</u>。(시간이 이르다)

[B ⋯⋯ 수량 ⋯⋯ 才 ⋯⋯] 화자는 많거나 늦다고 느낀다

⑧ 这桌子太重了，<u>四个人</u>才把它搬走。(사람이 많다)

⑨ 我看了<u>五遍</u>才记住。(횟수가 많다)

⑩ 他学了<u>半年</u>才学完第一册。(시간이 길다)

⑪ 这孩子<u>十岁</u>才上学。(나이가 많다)

⑫ 你应该星期一来，为什么<u>星期二</u>才来？(시간이 늦다)

A의 "才"는 "就"와 같이 쓸 수 있다.

[才 ⋯⋯ 수량 ⋯⋯ 就 ⋯⋯]

⑬ 这孩子才<u>四岁</u>，**就**已经上学了。

　(나이는 적지만, 학교는 일찍 들어감)

⑭ 他才学了<u>三个月</u>，**就**已经说得很好了。

　(시간은 짧지만, 배움은 빠르다)

⑮ 才<u>七点钟</u>，他**就**来了。

　(시간은 이르지만, 일찍 오다)

 다음 문장에서 才가 A, B, C, D 중 무슨 뜻으로 쓰였는지 말해봅시다.

A 많다   B 적다   C 이르다   D 늦다

1 才六点半，再睡一会儿吧。

2 他每天七点半才起来。

3 才十块钱，能买什么！

4 这小玩具他花了十块钱才买来的。

5 你怎么才吃这么一点？

6 我们班才三个人。

7 我等了半天汽车才来。

85

好吃와 好写와 好热闹

 "好"에는 여러 가지 뜻이 있다.

"好"에는 여러 가지 뜻이 있다. 자주 쓰이는 것은 다음과 같다.

첫째, 좋다는 뜻이다.

好看   好吃   好听   好玩儿

　　　难看　　　难吃　　　难听

"好看"은 곧 "漂亮(예쁘다)"이라는 뜻이다. 반대말은 "难看(못생겼다)"이다. "好吃"는 곧 "味道好(맛이 좋다)"의 뜻이며, 이의 반대말은 "难吃(맛이 없다)"이다.

　　① 他的声音很好听。

　　② 这个地方很好玩儿，有许多名胜古迹。

　　③ 这张照片上的人真难看。

둘째, 쉽다는 뜻이다.

　　好写　　　好记　　　好办

　　难写　　　难记　　　难办

"好"는 "容易(쉽다)"의 의미이고, "难"은 "不容易(쉽지 않다)"의 의미이다.

　　④ "包裹"这两个字，"包"很好写，"裹"很难写。

　　⑤ 他的电话号码是7654321，很好记。

　　⑥ A：我想去植物园看看，可是不认识路。

　　　 B：那好办，等我回家的时候，你跟我一起去吧，植物园就在我家旁边。

아래 세 문장을 비교해보자.

　　⑦ 这本书的封面很难看。

　　⑧ 这本书很难看懂。

　　⑨ 这本书很难读。

"很难看懂"은 "很难读"와 같지만, "很难读"는 "很难看"의 의미와는 다르다.

셋째, "好"는 "多(많음)" 혹은 "久(오래됨)"를 강조한다.

好几个人　　好几年　　好多事情　　好久不见

넷째, 정도가 상당함을 나타내고 감탄문에서 자주 쓰인다.

⑩ 街上人好多呀！

⑪ 这件衣服好漂亮啊！

⑫ 好大的房间！你一个人住吗？

다섯째, 목적을 나타낸다.

⑬ 今晚你早点儿休息，明天好早点儿起床。

⑭ 到那儿后给我打个电话，好让我放心。

86 "再好没有了"는 무슨 뜻일까?

"再好没有了"는 '이것보다 더 좋은 것은 없다' 즉, '이것이 가장 좋다' 는 뜻이다.

다음 각 문장의 "再……没有了"를 살펴보자.

① 朋友结婚，送这种礼物再合适没有了。

（这种礼物最合适了）

② 这儿的东西再便宜没有了。（这儿的东西最便宜了）

③ 坐飞机再快没有了。（坐飞机最快了）

④ 这篇文章再容易没有了。（这篇文章最容易了）

87 "再热下去我可受不了了"는 무슨 뜻일까?

"再"는 **"继续(계속해서)"**, 혹은 **"更加(더욱 더)"**의 뜻이 있다.

① 天气越来越热了，再热下去我可受不了了。

위에 쓰인 "再"는 "继续(계속해서)"의 뜻이다. ("下去"도 "继续(계속해서)"의 뜻이다) 즉, '만약 날씨가 계속 덥다면, 나는 참을 수 없다'는 뜻이다. "再"는 또 "更加(더욱)"의 뜻도 있다.

② 不能再大了，再大我就穿不上了。

위 문장은 '만약 이보다 더 크다면, 나는 입을 수 없다'는 뜻이다.

①, ②의 두번째 문장 앞에 모두 '만약'의 뜻이 있지만, 실제로는 문장 앞에 "如果(만약)"를 덧붙여 말하지 않는다는 점에 주의해야 한다.

③ 再冷下去就该下雪了。

④ 离开车只有半个小时了，再不走，就坐不上了。

⑤ 再哭，小朋友们就不跟你玩了。

⑥ 这房间再大一点儿就好了。

⑦ 再便宜一点儿我就买下了。

③ ～ ⑦의 "再"는 "继续(계속해서)" 혹은 "更加(더욱)"의 뜻이며, 여기서는 "再"의 앞에 모두 "如果(만약)"를 덧붙일 수 있다.

88 "我又不知道"와 "你还会不知道"

"我又不知道"에서 "又"는 부정을 강조하지만,
"你还会不知道"는 반어의문문이다.

다음 문장을 비교해보자.

① 这事儿我又不知道，干吗问我？

　② 你是领导，这么大的事你还会不知道？

①에서 "我又不知道"는 "我不知道"와 같다. 앞의 문장이 부정문일 때 "又"를 사용하면 뒤에 오는 문장을 더욱 강조하게 된다. ①의 뜻은 '나는 모르니까 근본적으로 내게 물어봐서는 안 된다' 는 것이다.

　③ 我又不是老虎，你怕什么？

　④ 路又不远，骑什么车，走过去就行了。

그러나, "你还会不知道"는 "肯定知道"의 의미이며 이것은 반어의문문으로, 긍정의 형식을 빌려 부정을 나타내고, 부정의 형식을 빌려 긍정을 나타낸 것이다.

　⑤ 这还能假！(这不可能是假的)

　⑥ 那还用说！(那不用说，那是当然的)

"还"를 사용하는 몇몇 반어의문문은 상대방을 책망하여 '이렇게 말하면 안 된다' 거나 '이렇게 하면 안 된다' 는 것을 뜻한다.

　⑦ 都十二点了，你还说早！(你不该说早)

　⑧ 还站在这儿干什么？还不快进屋去！

　（你不应该站在这儿，应该进屋去）

"又" 역시 반어의문문에서 사용할 수 있으며 "又"를 쓰는 반어의문문에는 의문사가 올 경우도 있다.

　⑨ 你这些话又能骗谁呢？

　⑩ 说说又有什么关系？

又 혹은 还를 써서 빈칸을 채워봅시다.

1 下雨 _____ 有什么关系，咱们照样锻炼！

2 从这儿到学校要一个多小时呢，你 _____ 说不远！

3 你今天买这个，明天买那个，你花的钱 _____ 少吗？

4 下课了， _____ 不休息休息！

5 我 _____ 没告诉他，他怎么会知道？

6 他 _____ 没问我，我为什么一定要回答？

7 看电影 _____ 有什么意思，不如踢球去。

89

刚才 와 刚刚

"刚才"는 과거의 일정 기간 동안을 나타내는 명사이고,
"刚刚"은 동작이 발생한 시간을 나타내는 부사로 "刚"이라고 말할 수도 있다.

"刚才"와 "刚刚" 모두 시간과 관련된 단어이며 그 차이점은 다음과
같다.

첫째, "刚才"는 명사로, 과거의 일정 기간 동안을 가리키며 주어 앞
뒤에 모두 놓일 수 있다. "刚刚"은 부사이며, "刚"이라고 말할 수도
있는데 동작이 발생한 시간을 나타낸다. 동사 앞에만 쓸 수 있다.

다음 문장을 비교해보자.

    1. ① A：刚才你在干什么？

          B：刚才我在吃饭。

      ② A：你刚才去哪儿了？

          B：我刚才去马丁那儿了。

      ③ A：马新刚才来过这儿吗？

          B：刚才他来过这儿。

    2. ① A：你早就吃完饭了？

          B：不，我刚刚吃完(饭)。

      ② A：你什么时候来的？

          B：我刚来。

      ③ A：你这件衣服买了多长时间？

          B：这件衣服刚买来一个星期。

위에서 제시한 예문을 통해 알 수 있듯이 "刚才"를 쓴 문장에는 알고자 하는 정보가 "刚才" 바로 뒤에 나와 있다. "刚刚"을 쓴 문장에서는 알고자 하는 정보가 "刚刚" 그 자체에 있다.

둘째, "刚才" 자체를 직접 부정하는 부정 형식은 없지만, "刚才" 뒤에 "不" 혹은 "没有"를 써서 부정 형식을 취할 수 있다. "刚刚"의 부정 형식은 "不是刚刚 + 동사"이다.

    ① 刚才不(没)下雨，怎么忽然下起这么大的雨。

    ② A：刚刚开始下雨吗？

        B：不是刚刚下雨，已经下了好　会儿了。

셋째, "刚才"는 현재 이전의 어떤 일정한 시간과 관계가 있다. "刚刚"은 동작이 발생한 시간이 오래되지 않았음을 설명하는데, 과거의 어느 시점을 가리킬 수도 있다. 다음 대화를 살펴보자.

> (A와 B 두 사람은 방금 영화를 보았다)
>
> A：你觉得刚才的电影怎么样？
>
> B：很不错。是刚上映(shàngyìng)的新片子吗？
>
> A：不是刚上映的，听说半年前放过。
>
> B：我想半年前这个电影刚刚上映的时候，票子一定很难买吧。
>
> A：那当然。刚才我还看见很多人在等退票呢。

대화 중에서처럼 "刚刚"은 반년 전의 어느 시점을 가리킬 수도 있다.

넷째, "刚刚" 뒤에는 "就", "又"를 쓸 수 있는데, 이는 두 가지 일이 짧은 시간 내에 연달아 발생하는 것을 나타낸다. 이 밖에 "刚刚"은 시간의 길고 짧음에 대한 주관적 생각을 나타낸다.

> ① 我刚进门，就听见电话铃响了。
>
> ② 练习本刚买来不久又用完了。
>
> ③ A：你来上海很长时间了吧？
>
> B：不，我刚刚来一年多。

③의 B는 자신이 상해에 와서 머무른 시간이 길지 않다고 여겨 대답에 "刚刚"을 사용했다. "刚刚"은 시간을 나타내는 것 이외에도 공간이나 수량이 꼭 알맞다는 뜻이 있다. 일반적으로 "刚好"라고 말한다.

> ④ 这个教室刚好坐得下20个学生。
>
> ⑤ 我刚刚满18岁。
>
> ⑥ 两斤苹果加两斤橘子刚好五元。

刚才 혹은 刚刚을 써서 빈칸을 채워봅시다.

1 ＿＿＿＿ 谁给我打电话？

2 我跑到车站的时候，汽车 ＿＿＿＿ 开走。

3 你的身体 ＿＿＿＿ 好，还是要注意休息。

4 ＿＿＿＿ 的那阵雨好大啊。

5 ＿＿＿＿ 学的生词怎么已经忘了。

6 我觉得现在比 ＿＿＿＿ 舒服多了，明天可以去上课了。

7 我 ＿＿＿＿ 来上海的时候觉得不太习惯。

8 ＿＿＿＿ 跟你打招呼的人也是留学生吗？

90

突然과 忽然

형용사 "突然"은 상황어 외에, 한정어, 술어, 보어의 역할도 할 수 있다.
부사 "忽然"은 상황어로만 쓰일 수 있다.

"突然"과 "忽然"은 모두 뜻밖이나 예상 밖의 상황을 나타낼 때 쓰인다.

① 我正要出去，忽然(突然)下起了一阵大雨。

② 我的自行车刚才还在这儿，怎么忽然(突然)不见了。

③ 忽然(突然)停电了。

형용사 "突然"은 상황어 외에 한정어, 술어, 보어로도 쓰일 수 있다.
"忽然"은 부사로, 상황어로만 쓰일 수 있다.

"突然"의 용법은 다음과 같다.

첫째, 突然 + (的) + 명사

① 情况发生了突然的变化。

② 这是一起突然的事故。

③ 有一个突然的消息要告诉你们。

둘째, 很(정도부사) + 突然 ; 突然 + 极了 / 得很

① 事情的发生很(太、非常、十分)突然。

事情的发生突然极了(得很)。

② 天气的变化很突然。

天气的变化突然极了(得很)。

셋째, 동사 + 得 + …… 突然

① 他的病来得有点儿突然。

② 事故发生得那么突然。

넷째, 기타

① 你认为发生这样的事情突然吗？

② 这儿发生地震并不突然，人们早有预感。

위 예문의 "突然"은 모두 "忽然"으로 바꿔 쓸 수 없다.

91

到底와 究竟과 终于

"到底"는 "究竟"과 같은 뜻으로, 추궁을 나타낸다.
"到底"는 사물의 본질 혹은 특징을 강조하는 것을 나타낸다.
"终于"는 비교적 긴 시간이나 과정을 거쳐 어떤 결과가 발생했음을 나타낸다.

"到底"와 "究竟"은 모두 의문문에서 사용되어 추궁을 나타낼 수 있다. 두 가지 중 하나를 선택해야 하는 상황에 쓰이거나 정말로 알고 싶은 것을 캐물을 때 쓰인다.

① 你到底(究竟)买不买?

② 别的星球上到底(究竟)有没有生命?

③ 我们到底(究竟)应该朝东走还是朝北走?

④ 这样回答到底(究竟)对还是错?

⑤ 到底(究竟)这个人是谁?

⑥ 他的病到底(究竟)怎么样了，要紧不要紧?

⑦ 飞机到底(究竟)什么时候到上海?

⑧ 你们到底(究竟)来了几个(多少)人?

예문 중의 주어는 "到底"나 "究竟"의 앞에 올 수도 있고, 또 그 뒤에 올 수도 있다. 위의 예문은 아래의 몇 가지 문형으로 정리해볼 수 있다.

1 (주어) + ⎡到底 / 究竟⎤ + (주어) + ⎡동사 不 동사 / 동사 还是不 동사 / 有没有⎤

2 (주어) + ⎡到底 / 究竟⎤ + (주어) + A ⎡동사 / 형용사 / 단문⎤ + 还是 + B ⎡동사 / 형용사 / 단문⎤

3   (주어) + ⌈ 到底 ⌉ + (주어) + 동사 + ⌈ 의문대명사(谁、什么、怎么样、哪儿) ⌉
               ⌊ 究竟 ⌋   ⌊ 의문사(几、多少) ⌋

대답할 때는 "到底"나 "究竟"을 사용하지 않는다는 점을 주의해야
한다.

    ⑨ A：天气预报说到底(究竟)明天下不下雨？

        B：明天不下雨。

    ⑩ A：你到底(究竟)想去北京还是想去西安？

        B：我想先去西安然后去北京。

주어가 의문대명사일 수도 있다.

    ⑪ 到底(究竟)谁打碎了那个花瓶？

    ⑫ 到底(究竟)哪儿是售票处？

    ⑬ 你说，到底(究竟)哪种颜色好？

    ⑭ 到底(究竟)什么地方可以停车？

⑪에서 ⑭까지의 주어는 모두 의문대명사이므로 "到底"나 "究竟"은
반드시 문장의 맨 앞에 써야 한다.

   ▶ 到底 / 究竟 + 의문대명사 +(   )

또한 "到底……吗" 혹은 "究竟……吗" 등의 문장 구조는 있을 수 없
음에 주의해야 한다.

    ⑮ 他到底是你的朋友吗？(×)

        她到底是不是你的女朋友？

    ⑯ 火星上究竟有人吗？(×)

        火星上究竟有没有人？

"到底"와 "究竟" 모두 서술문에도 사용할 수 있는데, 이때는 보통

어떤 특성이나 원인을 강조한다. "毕竟"의 용법과 비슷하다.

  ⑰ 他到底(究竟)是一位有经验的老师，他讲的课我们很容易
     听懂。

  ⑱ 到底(究竟)已经九月初了，不会再出现高温天气了。

  ⑲ 他们到底(究竟)是年轻人，玩了一天也不觉得累。

"到底"와 "终于" 모두 비교적 긴 시간이나 과정(여러 가지 노력이나
변화, 기다림)을 거쳐, 마지막으로 어떤 상황이나 결과가 발생했음을
나타낸다. 주어 뒤에 사용하며 문장 끝에 일반적으로 "了"를 쓴다.

  ⑳ 我们的试验到底(终于)成功了。

  ㉑ 钱包到底(终于)找到了。

  ㉒ 我想了很久，到底(终于)明白了。

발생한 상황이나 결과는 대부분 긍정적인 것이다. 때때로 부정적인
상황이나 결과가 올 수도 있는데, 이때는 일반적으로 "到底" 혹은
"究竟" 뒤에 "还是"를 사용한다.

  ㉓ 试验了那么多次，到底(终于)还是没成功。

  ㉔ 打了那么多针，吃了那么多药，他到底(终于)还是死了。

  ㉕ 不想发生的事到底(终于)还是发生了。

"到底"는 마지막까지 임무를 완수함을 나타낸다.

  ㉖ 这辆车(公交车)不到底(到终点站)。

  ㉗ 这项任务由老王负责到底。

  ㉘ 坚持到底，就是胜利。

"究竟"은 명사도 될 수 있는데, 일의 "结果(결과)", "为什么(까닭)"
의 뜻을 지닌다. 보통 "동사 + 个 + 究竟"의 문장 형식을 사용한다.

  ㉙ 那件事，大家都想知道个究竟。

㉚ 我要问个究竟，为什么说我不对。

㉛ 那么多人围在那儿，田力也跑过去想看个究竟。

"终于"에는 "终究"의 용법도 있지만, "到底"가 지니는 의미와는 다르므로 여기서는 설명하지 않기로 한다.

常常과 往往

"往往"은 거듭 출현하는 상황에 일정한 규율이 있음을 나타낸다.

"常常"과 "往往"은 어떤 상황이 항상 존재하고 출현한다는 것을 나타낸다.

① 冬天的时候，这儿常常(往往)是零下七八度。

② 常常(往往)考试的前一天，马丁才开始复习。

③ 新年的时候，常常(往往)孩子们最高兴。

④ 他常常(往往)工作到深夜。

"往往"은 대체로 거듭 출현한 상황에 일정한 규율이 있음을 나타내는데, 이 거듭 출현한 상황의 조건과 결과를 설명해야 한다. "常常"

은 단지 거듭 출현한 어떤 상황, 혹은 동작 행위를 설명할 뿐이므로 기타 상황이나 조건의 제한을 받지는 않는다.

다음 문장을 비교해보자.
　　⑤ a : 他常常(往往(×))感冒。
　　　 b : 他常常(往往(×))发烧。
　　　 c : 他常常(往往)一感冒就发烧。
　　⑥ a : 我们常常(往往(×))去看电影。
　　　 b : 我们往往(常常)星期六晚上去看电影。
　　⑦ a : 这儿常常(往往(×))下雪。
　　　 b : 冬天的时候，这儿往往(常常)下雪。
　　⑧ a : 他常常(往往(×))喝酒。
　　　 b : 他往往(常常)跟朋友一起喝酒。

"常常"은 주관적 생각이나 바람을 나타낼 수 있고, 또 미래의 상황을 나타낼 수도 있다. "往往"에는 이러한 용법이 없을 뿐만 아니라, 일반적으로 과거에 사용한다. 아래 문장을 비교해보자.
　　⑨ 父母希望孩子常常(往往(×))回家看看。
　　⑩ 我一定常常(往往(×))给你写信。
　　⑪ 欢迎你有空的时候常常(往往(×))来玩。
　　⑫ 明年我退休了，可以常常(往往(×))去旅行了。

이 밖에 "常常"의 부정 형식은 보통 "不常"을 사용하는데 "不常常"이라고도 한다. "往往"에는 부정 형식이 있을 수 없다.

93

偷偷 와 悄悄 와 暗暗

"偷偷", "悄悄"와 "暗暗"은 모두 '남이 눈치채지 못하게 하다' 라는 뜻이 있으나 각기 의미가 약간씩 다르다.

"偷偷", "悄悄"와 "暗暗"은 모두 '남이 눈치채지 못하게 하다' 라는 뜻이 있다.

다음 세 문장은 언뜻 보기에 뜻은 별 차이가 없다.

① 我们的汽车偷偷地跟在那辆红色小车的后面。

② 我们的汽车悄悄地跟在那辆红色小车的后面。

③ 我们的汽车暗暗地跟在那辆红色小车的后面。

그러나 위 ①, ②, ③ 문장의 뜻이 완전히 같은 것은 아니다.

"偷偷"가 '남이 눈치채지 못하게 한다' 는 뜻으로 쓰일 때는 '다른 사람에게 발각될까 두려워하고 걱정한다' 는 뜻을 포함한다.

④ 那个坏家伙趁人不注意的时候偷偷溜走了。

⑤ 她常常偷偷地在房间里哭。

⑥ 这孩子才十岁，可是他喜欢偷偷地学开汽车。

"悄悄"가 '남이 눈치채지 못하게 한다' 는 뜻을 나타낼 때는 '소리가 매우 작거나 없다' 는 뜻을 함유한다.

⑦ 每天早上六点，他同屋正睡得很香的时候，他就悄悄起床了。

⑧ 图书馆里非常安静，我悄悄地走进去，找了个空座位坐下。

⑨ 当我看到树枝上点点绿叶的时候，我突然感到：春天已经悄悄地来了。

"暗暗"이 '남이 눈치채지 못하게 한다' 는 뜻을 나타낼 때는 비밀스
런 행동이나 내심의 활동임을 뜻한다.

⑩ 很多好心人暗暗关心、帮助那个孤独的老人。

⑪ 我暗暗下定决心，一定要干得比他更好。

⑫ 看着他那奇怪的样子，我心里暗暗好笑。

94

肯定과 一定

"肯定"과 "一定"은 부사로 쓰일 때 정도의 차이가 있다.
"肯定"은 동사가 될 수 있으며, 반대말은 "否定"이다.
"肯定"과 "一定"이 형용사로 쓰일 때는 그 의미가 다르다.

"肯定"과 "一定"은 모두 부사가 될 수 있는데 판단의 어기를 강하게
한다. "肯定"은 "一定"보다 더욱 강조의 의미가 강하다.

다음 문장을 비교해보자.

① a : 他肯定会来的。

b : 他一定会来的。

② a : 那位小姐肯定是他的女朋友。

b : 那位小姐一定是他的女朋友。

"一定 + 要"는 의지와 결심을 강조할 수 있다.

    ③ 我一定要努力学习。

    ④ 他一定要去。

    ⑤ 你一定要注意休息。

"肯定"이 동사 역할을 할 때 그 반대말은 "否定"이다. 다음 문장의 "肯定"은 모두 "一定"으로 바꾸어 쓸 수 있다.

    ⑥ 这件事是不是真的，现在还不能肯定。

    ⑦ 你怎么可以肯定这种方法不行。

    ⑧ 领导肯定了我们的成绩。

"肯定"과 "一定"은 모두 형용사가 될 수 있다.

    ⑨ 老师肯定地说："这个句子错了。"

    ⑩ 他的态度十分肯定。

    ⑪ 这件事到底行不行，请给我一个肯定的答复。

    ⑫ 我每天都用一定的时间学习汉语。

    ⑬ 虽然他的病有了一定的好转，但是还得继续吃药。

    ⑭ 人到了一定的年龄智力就开始衰退。

위의 예문들을 비교해보면, "肯定"이 나타내는 것은 진실성과 합리성을 인정하거나 확정하는 태도라고 볼 수 있다. "一定 + 的"는 특정한 범위나 상당한 정도를 설명하는 것이다. 위의 예문에 나오는 "肯定"과 "一定"은 의미가 완전히 다르므로 서로 바꿔 쓸 수 없다.

95

差不多와 差点儿

> "差不多"는 어떤 수량이나 정도에 근접하는 것을 나타낸다.
> "差点儿"은 어떤 일이 실현되거나 실현되지 않은 상황에 대해 다행스러움이나
> 아쉬움을 느끼는 것을 나타낸다.

"差不多"와 "差点儿"은 모두 부사가 될 수 있는데, 잘못 사용하기
쉽기 때문에 그 구별에 주의해야 한다.

"差不多"는 어떤 수량이나 정도에 근접하는 것을 나타내며 그 차이
가 크지 않음을 말한다.

① 同学们差不多都来了。

② 他俩差不多高。

"差点儿"은 어떤 일이 실현되거나 실현되지 않은 상황에 대해 다행
스러움이나 아쉬움을 느끼는 것을 나타낸다.

③ 刚才差点儿让汽车撞着，好险哪！

(사실은 자동차에 부딪히지 않았다)

④ 哎呀，差点儿就买着了，真可惜！

(사실은 사지 못했다)

①, ②는 "差不多"를 써서 단순히 사실만을 알려줄 뿐이지만 ③, ④는
"差点儿"을 써서 다행스러움이나 안타까움의 어기까지도 나타낸다.

"差不多"와 "差点儿"의 용법을 살펴보자.

差不多

1. 差不多 + 동사

　　⑤ 第三册差不多学完了。

2. 差不多 + 형용사

　　⑥ 他的头发差不多全白了。

3. 差不多 + 수량사

　　⑦ 我在这儿住了差不多五年了。

差点儿

1. 일어나지 않았으면 하는 일이 결국 일어나지 않아 다행스럽게 여긴다.

　　⑧ 刚才我差点儿(没)闹笑话。

　　⑨ 她差点儿(没)摔倒。

이때 "没"를 사용하거나 사용하지 않거나 의미는 모두 마찬가지다.

2. 일어났으면 하는 일이 끝내 일어나지 않아 안타깝게 생각한다.

　　⑩ 事情差点儿就要办成了，想不到又起了变化。

　　⑪ 汽车差点儿就到机场了，可是突然坏了。

이때 동사 앞에는 항상 "就"를 쓴다.

3. 일어났으면 하는 일이 결국 일어나 다행스럽게 생각한다.

　　⑫ 公共汽车太挤了，我差点儿挤不上去。

　　⑬ 他差点儿没考上大学。

이때 동사 앞에 "不"，"没"를 쓴다.

96

本来와 原来

"本来"와 "原来"는 모두 바뀌거나 변화하기 이전의 상황을 가리킬 수 있다.
"本来"에는 또한 '이치대로라면 마땅히 이래야 한다'는 뜻이 있다.
"原来"는 '이미 일어난 일의 실제 상황'을 나타낸다.

"本来"와 "原来"는 모두 형용사가 될 수 있으며 바꾸기 전의 상황을 나타낸다. "本来"나 "原来 + 的"는 문장에서 한정어가 된다.

① 几年不见了，你还是原来(本来)的样子，一点都没变。

② 我们本来(原来)的计划是星期二出发，可是只有星期三的票，只能推迟一天出发。

③ 这件衣服已经洗得看不出本来(原来)的颜色了。

"本来"와 "原来"는 또한 부사도 될 수가 있는데, 변화하기 이전의 상황을 나타낸다. 주어 앞에 놓일 수도 있고 주어 뒤에 놓일 수도 있다. 능원동사, 부정사와 기타 부사의 앞에 쓰인다.

④ 我们本来(原来)住的地方，现在都改成了马路。

⑤ 本来(原来)我不住在这儿，半年前刚搬来。

⑥ 本来(原来)我想学理科。可是我非常喜欢外语，就改学文科了。

⑦ 我本来(原来)没有现在这么胖。现在比过去重了十公斤。

⑧ 我们一家人本来(原来)只住14平方米一间屋子，现在的条件比以前好多了。

부사 "本来"에는 '이치대로라면 마땅히 이래야 한다'는 뜻이 있으며 두 가지 용법이 있다.

첫째,
$$\left.\begin{array}{l}\text{本来 + 就 + (능원동사) + 동사}\\\text{本来 + 就 + 동사 + 得(不)……}\end{array}\right]$$

⑨ 我说,你病没好,本来就不可以出去。你看, 又发烧了。

⑩ 食堂的菜本来就应该卖得便宜些。

⑪ 在这么窄的路上开车本来就开不快。

둘째, 本来 + 嘛(么) + 주어(보통 주어 앞에 띄어 말한다.)

⑫ 本来嘛, 这么小的孩子, 怎么背得动那么大的书包。

⑬ 本来么, 要做成一件事情, 可不是容易的。

부사 "原来"에는 일의 진실된 상황을 파악했다는 뜻이 있다.

⑭ 我以为电视机坏了, 原来是没接上电源。

⑮ 原来你是刚来的老师, 看上去跟学生一样。

97 "越来越变得美丽了"일까, "变得越来越美丽了"일까?

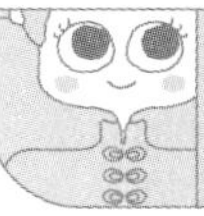

"越", "越来越"는 형용사나 동사 앞에 놓일 수 있지만, 이때 형용사나 동사 앞에는 정도를 나타내는 부사가 올 수 없다.

① 越往前走，他越<u>非常</u>害怕。(×)

② 外面雨下得越来越<u>很</u>大了。(×)

③ 他越来越<u>有点儿</u>不喜欢她了。(×)

다음과 같이 말해야 한다.

④ 越往前走，他越害怕。

⑤ 外面雨下得越来越大了。

⑥ 他越来越不喜欢她了。

만약 문장의 술어가 '동사 + 정태보어'라면, "越", "越来越"는 정태보어의 앞, 동사의 뒤에 있어야 한다.

⑦ 上海越来越变得美丽了。(×)

⑧ 你越说得多，我就越不明白。(×)

다음과 같이 말해야 한다.

⑨ 上海变得越来越美丽了。

⑩ 你说得越多，我就越不明白。

다음 문장을 맞게 고쳐봅시다.

1 汽车越来越开得快。

2 越到夏天，人们就越穿得少。

3 中国越来越发展很快。

4 你越说得多，就越说得好。

98

确实와 的确와 实在

对不起, 确实对不起。(×)

"确实"는 형용사이고, "的确"는 부사이다. 때문에 "的确"는 단지
상황어로만 쓰이지만, "确实"는 상황어 외에도 한정어, 술어와 보어
가 될 수 있다. 상황어로 쓰일 때 "的确"와 "确实"는 뜻이 같다고 할
수 있다.

① 这个消息确实吗？(술어)

② 你一定要给我一个确实的消息。(한정어)

③ 这件事我确实 / 的确不知道。(상황어)

④ 他确确实实 / 的的确确是病了，不信你看医生的证明。(상황어)

"实在"는 부사이고, 상황어로 쓰인다.

    ⑤ 这件事我实在不知道。

그러나, 아래의 문장은 잘못된 표현이다.

    ⑥ 他实在病了，不信你看医生的证明。(×)

"实在"의 뜻과 "确实", "的确"의 뜻이 완전히 같은 것은 아니다. "确实", "的确"는 일의 진실성을 강조하여 '거짓이 아니라 정말이다' 라는 것을 나타내지만, "实在"는 어기를 강조하는 데 쓰고 상당한 정도를 나타낸다.

다음 문장을 비교해보자.

    ⑦ 他的自行车撞了我, 他对我说 : "对不起, 实在对不起！"

    (确实(×))

    ⑧ A : 我觉得你对她很好，你没什么对不起她的。

    B : 不，你不知道，我确实对不起她，…… (实在(×))

"实在"는 형용사도 될 수 있으며 '말이나 행동이 착실한 것' 을 나타낸다.

    ⑨ 他这人很实在。

    ⑩ 他的话说得很实在。

    ⑪ 应该办点儿实实在在的事，别光说漂亮话。

确实 혹은 实在를 써서 빈칸을 채워봅시다.

1 这事儿他 _______ 跟我说过。

2 他病得 _______ 坚持不下去了，才住进了医院。

3 西湖 ＿＿＿＿ 很美，"上有天堂，下有苏杭"这句话，我信了。

4 西湖 ＿＿＿＿ 太美了，美得我简直不想回家了。

99 会开车 与 能开车

학습하여 어떤 기술과 능력을 갖추는 것을 나타낼 때 보통은 "会"를
쓰지만 어떤 때는 "能"을 쓰기도 한다.

① 他不会开车，他没学过。

② 这孩子一岁了，已经会走路了。

③ 这些孩子都不会踢足球，你教教他们吧。

어떤 일을 하는 데 조건이 있음을 나타낼 때는 "能"을 쓰지 "会"
를 쓰지는 않는다.

④ 他不能开车，他病了。

⑤ 上个月他的腿断了，不能走路，不过，现在已经好了，能
走路了。

⑥ 我今天没有空，不能跟你一起去踢足球了。

182

어떤 일을 하는 데 동의나 허락을 나타낼 때도 "能"을 쓰지 "会"를 쓰
지는 않는다.

⑦ 喝酒以后不能开车。

⑧ 上课的时候能不能问问题？

⑨ 妈妈对孩子说：做完作业以后才能去踢足球。你现在作
业还没做完，不能去。

会 혹은 能을 써서 빈칸을 채워봅시다.

1 在他们国家，只有18岁以上的人才 ______ 喝酒。

2 我明天有事，不 ______ 来参加你的生日晚会，对不起。

3 他病好了，今天又 ______ 开车了。

4 他不 ______ 说汉语，他没学过汉语。

5 这椅子太脏，不 ______ 坐。

6 你 ______ 不 ______ 唱中国歌？

7 真没想到，他不 ______ 骑自行车。

8 今天下大雨，刮大风，不 ______ 骑自行车。

9 他 ______ 喝酒，但是今天他身体不舒服，不 ______ 喝。

100

不可以와 不能과 不行

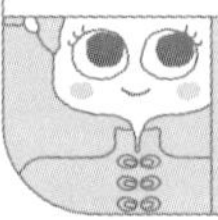

他有事，今天不可以来了。(×)

"可以"와 "能"은 별 차이가 없다. 긍정문이나 의문문에서는 일반적으로 "能"을 써야 할 자리에 "可以"를 써도 별 문제가 없다.

① 他腿好了，又能走路了。

他腿好了，又可以走路了。

② 他没事，今天能来。

他没事，今天可以来。

③ 这辆自行车能不能借给我？

这辆自行车可(以)不可以借给我？

④ 喝酒以后能不能开车？

喝酒以后可(以)不可以开车？

⑤ 上课的时候能吃东西吗？

上课的时候可以吃东西吗？

그러나 부정문에서 "不可以"와 "不能"은 용법상 약간 차이가 있다.

첫째, 규칙이나 습관 등으로 인하여 어떤 일을 허가하지 않을 때는 "不可以"를 써야 할 때 "不能"을 써도 모두 맞다.

⑥ 喝酒以后不能开车。

喝酒以后不可以开车。

⑦ 上课的时候不能吃东西。

上课的时候不可以吃东西。

둘째, 조건이나 능력이 없음을 나타내거나 어떤 일에 동의하지 않을
때는 "不能"을 쓰고, "不可以"는 쓰지 않는다.

⑧ 他腿断了，不能走路了。

　他腿断了，不可以走路了。(×)

⑨ 他有事，今天不能来了。

　他有事，今天不可以来了。(×)

⑩ 这辆自行车不能借给你，因为我马上要用。

　这辆自行车不可以借给你，因为我马上要用。(×)

"不行"은 간단한 대답으로, "不能" 혹은 "不可以"를 대신할 수 있
다.

⑪ A：你明天能 / 可以来吗？

　B：不行，我明天有事，不能来。

⑫ A：教室里能 / 可以抽烟吗？

　B：不行，教室里不能 / 不可以抽烟。

101

不能来와 不会来

老师，对不起，我明天有事，不会来上课（×）

"能"은 '조건부 허락'을 말하고, "会"는 '가능성이 있음'을 나타낸다. "不能来"는 '올 수 있는 조건이 마련되지 않았다'는 뜻이고, "不会来"는 '올 가능성이 없다'는 뜻이다.

① 他想来上海，可是没有买到飞机票，也没买到火车票，所以不能来了。

② 他想来上海，可是他爱人病了，为了照顾他爱人，他不能来上海了。

③ 他想来上海工作，可是领导不同意，所以不能来。

④ A：他还会来吗？

　　B：已经这么晚了，我想他不会来了吧。

⑤ A：明天的舞会他会来参加吗？

　　B：他不会来的，他不喜欢跳舞。

아래 두 개의 예를 비교해보자.

왕선생은 오늘 학생들을 데리고 농촌을 참관하러 간다. 출발 시간이 되었는데 马丁이 아직 오지 않고 있다.

⑥ 王老师：我们等一下马丁。

　　马丁的同屋：不用等他，他病了，不会来了。

여기에서는 马丁이 올 가능성이 없으니 모두 그를 기다릴 필요가 없음을 의미한다.

⑦ **王老师**：马丁怎么回事，怎么还不来？

　　马丁的同屋：他病了，不能来了。

여기서는 马丁이 원래 올 생각이 있었으나, 병이 나서 올 수 없음을
뜻한다.

학생이 내일 일이 있어서 휴가를 내고 싶다면, 다음과 같이 선생님께
말할 수 있다.

　　⑧ 老师，对不起，我明天有事，不能来上课了。

수업하러 오고 싶지만 일이 생겨서 정말 올 수가 없다는 의미를 나타
낸다.

"应该去不去"일까, "应该不应该去"일까?

你说，我应该去不去？(×)

"능원동사 + 동사"의 구조로 반복의문문을 만들 때는, "능원동사 + 不 + 능원동사 + 동사 + ……"의 형식을 사용해야 한다.

① 你说，我<u>应(该)不应该去</u>？

② 你<u>想不想</u>去旅行？

③ 我<u>能不能</u>请三天假？

④ 我<u>可(以)不可以</u>抽一支烟？

아래의 문장은 모두 잘못된 표현이다.

⑤ 你说，我应该去不去？(×)

⑥ 你想去不去旅行？(×)

⑦ 我能请不请三天假？(×)

⑧ 我可以抽不抽一支烟？(×)

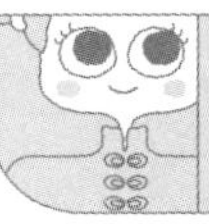

103 "我要听您的课"일까, "我想听您的课"일까?

"**要**"는 의지를 나타내고, "**想**"은 희망이나 생각을 나타낸다.

다음 두 문장을 비교해보자.

    ① 老师，我<u>要</u>听您的文学课，可以吗？

    ② 老师，我<u>想</u>听您的文学课，可以吗？

②는 ①보다 부드러운 문장이다. ①의 어조는 좀 딱딱하고 ②는 보다 정중한 느낌이 든다.

"**要**"는 어떤 일을 하려는 의지를 나타낸다.

    ③ 老师说："那个学生真不像话，明天我<u>要</u>狠狠地批评他"

    ④ 这本书我今天晚上一定<u>要</u>看完。

위의 "**要**"는 "**想**"으로 바꿔 말할 수 없다.

"**想**"은 희망과 계획을 나타낸다.

    ⑤ 如果能买到票，我<u>想</u>明天就走。

    ⑥ 我不<u>想</u>去，可是他一定要我去。

위의 "**想**"은 "**要**"로 바꿔 말할 수 없다.

"**要**"에는 '어떤 일을 하고자 하는 의지'가 담겨 있기 때문에 아주 단호하여 겸손하지 않은 것처럼 들린다. 따라서 다른 사람에게 부탁할 때는 일반적으로 "**想**"을 사용하지 "**要**"를 사용하지는 않는다.

    ⑦ 老师，您现在有空吗？ 我<u>想</u>请教一个问题。

    ⑧ 先生，我<u>想</u>跟您打听一下，去中山电影院怎么走？

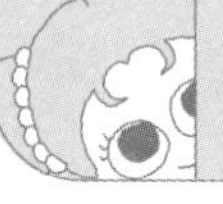

104

"可以说汉语"와
"可以开车"와
"可以坐出租车"

① 他可以说一点儿汉语，他在上海学过三个月汉语。

② 喝酒以后可以开车吗？

③ A：已经晚上十一点半了，公共汽车没有了，怎么办？

　 B：没关系，我们可以坐出租车回去。

예문에서 "可以"의 의미는 서로 다르다. ①에서의 "可以"는 '능력이 있음'을 나타낸다.

④ 上海话我可以听懂一点儿。

⑤ 明天我有空，可以来跟你们一起打球。

②에서의 "可以"는 허락을 나타낸다.

⑥ 这儿可以抽烟吗？

⑦ 考试的时候不可以查词典。

③에서의 "可以"는 건의를 나타낸다.

⑧ 这件衣服颜色太浅了，可以再深一些。

⑨ 师傅，前面的头发可以理得短一点儿。

⑩ A：今晚的电影票都卖完了。

　 B：没关系，我们可以明天再看。

要는 어떤 뜻이 있을까?

"要" 는 여러 가지 의미가 있다.

아래 문장에서 "要"의 의미는 서로 다르다.

① 我要一杯茶。(要 + 동사) (필요)

② 他要学游泳。(要 + 동사) (의지)

③ 你要努力学习啊！(당위)

④ 从这儿骑到学校要半个小时。(소요되다)

⑤ 你穿得这么少，要感冒的。(가능)

⑥ 看，要下雨了。(~하려 하다)

⑦ 他要我帮他买一张票。(사역)

106

"我很忙"에서 很의 의미

형용사는 일반적으로 단독으로 술어가 되거나 보어가 되지는 않는다.

① 今天我忙，没有时间玩儿。(△)

② A：他汉语说得怎么样？

　　B：他说得流利。(△)

세모 표시한 두 문장은 모두 부적합한 것이다. 형용사인 "忙"과 "流利"를 단독으로 썼기 때문에 좋은 문장이라고 할 수 없다. 술어 혹은 보어를 쓸 때, 보통 형용사 하나만 쓸 수는 없기 때문이다. 형용사 앞이나 뒤에는 다른 단어가 함께 와야만 하는데, 예를 들면 우리는 "我很忙", "他说得很流利"라고 말할 수 있다. 이때 "很"의 의미는 분명하지 않다. 즉, "很忙"은 그저 '바쁘다'는 것이지 반드시 '굉장히 바쁘다'는 아니다. "非常忙"이라고 말해야 '굉장히 바쁘다'가 되는 것이다. 다음과 같이 말할 수도 있다.

③

今天我
│ 有点儿忙
│ 比较忙
│ 很忙
│ 非常忙
│ 太忙了
│ 忙极了
，没有时间玩儿。

④ A：他汉语说得怎么样？

　　B：他说得不流利。

　　　　不太(不很)流利。

比较流利。

很流利。

非常流利。

太流利了！

流利极了！

真流利啊！

그러면 "我忙"이라고 말할 수는 없을까? 물론 아니다. 비교를 나타
낼 경우에 그렇게 말한다.

첫째, 두 개의 작은 절에서 비교를 나타낸다.

⑤ 我忙，我弟弟不忙。

⑥ 他说得流利，他朋友说得不太流利。

둘째, 물음에 대한 대답에서 비교의 결과를 나타낼 때 그렇게 말한
다.

⑦ A：你跟你弟弟谁忙？

B：我忙。(我比我弟弟忙)

⑧ A：他跟他朋友谁说得流利？

B：他说得流利。(他比他朋友说得流利)

107

"她非常漂亮"과 "她是非常漂亮"

我不喜欢这个地方，这个地方是很热。(×)

"她是非常漂亮"은 맞는 문장일까? 상황에 따라 맞을 수도 있고 틀릴 수도 있다.

"漂亮"은 형용사다. 하지만 중국어의 형용사는 영어의 형용사와 같지 않다. 영어의 형용사 앞에는 be동사를 써야 하지만, 중국어의 형용사는 동사와 비슷하여 형용사 앞에 "是"를 쓰지 않는다.

다음을 비교해보자.

 ① She   is   very   beautiful.

  她   非常   漂亮。

  她   是   非常   漂亮。(×)

다른 예를 살펴보자.

 ② 我很忙。

 ③ 这个地方很热。

 ④ 这东西太贵了。

위 예문에서는 모두 "是"를 사용하지 않았다. 그러나 "是"를 써서 말할 수도 있다.

 ⑤ 她**是**非常漂亮**的**。

이때는 반드시 "的"를 써야만 한다.

그녀는 매우 아름답다. = "她非常漂亮" + "是……的"

중국인들은 대화할 때 다음과 같이 말하기도 한다.

　　⑥ 她**是**非常漂亮。

이때, "是"는 반드시 강세를 주어 읽어야 한다. 이는 긍정이나 동의
를 표시한다.

　　⑦ A : 听说她非常漂亮，是吗？

　　　　B : 对，她**是**非常漂亮。

　　⑧ A : 你朋友的汉语很好。

　　　　B : 是啊，他的汉语**是**不错。

　　⑨ A : 今天很热。

　　　　B : 嗯，**是**很热。

1을 참고하여 2~4를 완성해봅시다.

１ A : 这个房间有点儿脏。

　 B : 对，<u>是不太干净</u>。

２ A : 听说那儿东西很便宜，是真的吗？

　 B : 是的，那儿东西＿＿＿＿＿。

３ A : 他很忙？我不相信。

　 B : 你别不相信，他＿＿＿＿＿，我不骗你。

４ A : 你为什么不喜欢这儿？

　 B : 这儿太冷。

　 A : 倒也是，这儿＿＿＿＿＿。

108

高高兴兴과
愉愉快快

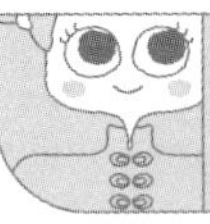

我过了一个愉愉快快的周末。(×)

형용사는 중첩할 수 있다. 예를 들면, "高兴"은 "高高兴兴"으로 "漂亮"은 "漂漂亮亮"으로 중첩해서 쓸 수 있는 것이다.

"高高兴兴"은 "很高兴"의 의미이고, "漂漂亮亮"은 "很漂亮"의 의미이다. 그러나 모든 형용사를 다 중첩할 수 있는 것은 아니다. 예를 들어 "高兴"은 중첩할 수 있으나 "愉快"는 중첩할 수 없다. 또 "漂亮"은 중첩할 수 있으나 "美丽"는 중첩할 수 없다.

    ① 我过了一个愉愉快快的周末。(×)

    ② 我过了一个很愉快的周末。

    ③ 我过了一个非常非常愉快的周末。

쌍음절 형용사에서 중첩할 수 있는 것은 1/6 정도에 불과하다. 일반적으로 문장에 쓰이는 단어는 대부분 중첩할 수 없고, "合适", "新鲜", "容易", "愉快", "精彩", "美丽……" 등 구어에서 쓰는 몇몇 단어 역시 중첩할 수 없다. 따라서 어떤 형용사를 중첩할 수 있는지는 배우면서 하나씩 하나씩 공부해 나가야 한다.

아래의 형용사 중 중첩할 수 있는 것을 골라봅시다.

认真　努力　舒服　凉快　容易　重要　伟大

安静　幸福　友好　干净　健康　精彩　清楚

方便　丰富　满意　复杂　简单　着急　热情

109 高高兴兴과 通通红红

她的脸冻得通通红红的。(×)

쌍음절 형용사의 중첩은 일반적으로 (AABB) 의 구조가 된다.

　　高兴 — 高高兴兴　　干净 — 干干净净

　　漂亮 — 漂漂亮亮　　清楚 — 清清楚楚

그러나, 어떤 형용사의 중첩은 (ABAB) 의 구조가 되기도 한다.

　　雪白 — 雪白雪白　　火红 — 火红火红

　　冰凉 — 冰凉冰凉　　通红 — 通红通红

　　笔直 — 笔直笔直　　漆黑 — 漆黑漆黑

“雪白”는 ‘눈처럼 하얗다’ “冰凉”은 ‘얼음처럼 차갑다’ “火红”은
‘불처럼 빨갛다’는 의미이다. “通红”을 제외하면, 위의 단어는 모두
‘A처럼 B하다’는 특징이 있음을 알 수 있다.

　① 他的手冻得冰凉冰凉的。

　② 笔直笔直的大马路一直通到海边。

　③ 房间里没有灯，漆黑漆黑的，什么也看不见。

형용사의 중첩을 이용하여 빈칸을 채워봅시다.

1　姑娘们都打扮得 __________ 的。(漂亮)

2　他的小手冻得 __________ 的。(冰凉)

3　他的脸冻得 __________ 的。(通红)

4　他把衣服洗得 __________ 。(干净)

5　__________ (雪白) 的墙上挂着一幅山水画儿。

6　今晚没有月亮，外面 __________ 的。(漆黑)

7　他的字总是写得 __________ 。(清楚)

8　太阳从东方升起来，__________ 的。(火红)

110

很甜甜的月饼과
不甜甜的月饼

他喜欢吃很甜甜的月饼。(×)
他喜欢吃不甜甜的月饼。(×)

형용사의 중첩 형식 앞에는 "很" 또는 "不"를 사용할 수 없다.

$$\left[\begin{array}{c} 很 \\ 不 \end{array} \right]$$ + 형용사 중첩형 (×)

따라서 아래의 문장은 잘못된 표현이다.

① 他喜欢吃很甜甜的月饼。(×)

② 他喜欢吃不甜甜的月饼。(×)

다음과 같이 말해야 한다.

③ 他喜欢吃甜甜的月饼。

④ 他喜欢吃很甜的月饼。

⑤ 他喜欢吃不甜 / 不太甜 / 不很甜的月饼。

⑥ 他不喜欢吃甜甜的月饼。

아래의 틀린 문장을 맞게 고쳐봅시다.

Ⅰ 那个老人很慢慢地走过来了。

→ _______________________________________。

2 今天星期一，街上不热热闹闹的。

→ ______________________________。

3 房间里非常干干净净的。

→ ______________________________。

4 她的脸冻得十分通红通红的。

→ ______________________________。

看, 看看 , 看了看과 看一看

老师，这是我的作业，请你看。(×)
他拿过我的作业，看一看，马上发现有个错误。(×)
他每天很忙，又要看看书，又要写写文章。(×)

"看一看", "看看", "看了看"은 모두 동사 "看"의 중첩이다. "看一看" 가운데의 "一"는 말하지 않아도 되므로 "看一看"은 "看看"이라고 말할 수 있다. 동사의 중첩은 일반적으로 동작이 비교적 빠르거나 동작이 진행된 시간이 비교적 짧음을 표시한다. 주로 다음의 세 가지 상황이 있다.

첫째, 어떤 사람이 아주 빠르게 한 번 훑어보았을 때, "看了看"을 사용한다.

    ① 他拿过我的作业，<u>看了看</u>，马上发现有个错误。

다른 동사의 예를 살펴보자.

    ② 刚才，老师给我们简单地<u>谈了谈</u>汉语的特点。

    ③ 他进屋来<u>坐了坐</u>，喝了一口水，就走了。

둘째, 다른 사람에게 보라고 청하거나 아니면 자신이 좀 보려고 할 때, "看(一)看"을 사용한다. 이것은 공손한 표현이다.

    ④ 老师，这是我做的作业，请您<u>看(一)看</u>。

    ⑤ 能不能把你的照片给我<u>看(一)看</u>？

다른 동사의 예를 살펴보자.

    ⑥ 老师，请您<u>谈谈</u>汉语的特点，可以吗？

    ⑦ 请等一下，让我<u>想想</u>。

    ⑧ 别站在外面，进来<u>坐坐</u>吧！

셋째, 늘 하는 일을 나타낼 때 "看看"을 사용하면 "轻松(가볍게)", "随便(편한 대로)"의 의미가 있다.

    ⑨ 他退休以后，每天<u>看看</u>书，<u>看看</u>报，<u>散散</u>步，过得很愉快。

다음을 비교해보자.

    ⑩ 他每天很忙，又要看书，又要写文章。

⑩은 '바쁘고(很忙)', '피곤하며(很累)', '스트레스가 쌓이므로(不轻松)', "看看"이란 말을 쓸 수 없다. 다른 동사를 예로 들어보자.

    ⑪ 星期天，我<u>写写</u>信，<u>打打</u>球，一天很快就过去了。

⑫ 休息的时候，他喜欢<u>听听</u>音乐。

정리해보면 "동사了동사", "동사(一)동사", "동사동사" 모두 동사의 중첩 형식인데, 이미 발생한 행위는 "동사了동사"를 사용하고, 아직 발생하지 않은 행위는 "동사(一)동사"를 사용하고, 일상적 행위는 "동사동사"를 사용함을 알 수 있다.

괄호 속 동사를 변형시켜 빈칸을 채워봅시다.

1 这是我做的菜，请你 __________ (尝)

2 我们 __________ (休息)吧。

3 这个人真懒，每天 _____ (睡)觉，跟别人 _____ (聊)天，什么 工作也不干。

4 上完八小时班，回到家里还要 _____ (做)饭、_____ (洗)衣服， 真累死了。

5 刚才我 __________ (查)词典，才知道这个字我写错了。

6 请你给我们 __________ (开)车门，我们想下车。

7 刚才老师到我们宿舍来 __________ (看)，__________ (问)我们 的学习情况。

8 等一会儿我还要到学生宿舍去 __________ (看)，__________ (了 解)他们的学习情况。

112. "介绍了介绍"와 "介绍一介绍"는 맞는 표현일까?

쌍음절 동사의 중첩은 중간에 "了"나 "一"를 사용할 수 없다.

아래의 문장을 비교해보자.

① a : 刚才老师给我们简单地<u>讲了讲</u>中国的历史。

　 b : 刚才老师给我们简单地<u>讲了一下</u>中国的历史。

　 c : 刚才老师给我们简单地<u>介绍了介绍</u>中国的历史。(×)

　 d : 刚才老师给我们简单地<u>介绍了一下</u>中国的历史。

② a : 请老师给我们<u>讲一讲</u>中国的历史。

　 b : 请老师给我们<u>讲讲</u>中国的历史。

　 c : 请老师给我们<u>讲一下</u>中国的历史。

　 d : 请老师给我们<u>介绍一介绍</u>中国的历史。(×)

　 e : 请老师给我们<u>介绍介绍</u>中国的历史。

　 f : 请老师给我们<u>介绍一下</u>中国的历史。

위 예문들의 의미는 거의 비슷하다. ①의 경우 a, b, d는 모두 같은 뜻이지만, c처럼 표현할 수는 없다.

②의 경우에도 a, b, c, e, f는 모두 같은 뜻이지만 d처럼 표현할 수는 없다.

왜 "讲了讲"이라고 말할 수는 있는데, "介绍了介绍"라고는 말할 수 없을까? "讲一讲"이라고는 말할 수 있는데, "介绍一介绍"라고는 말할 수 없을까? 그 이유는 "讲"은 한 글자이고, "介绍"는 두 글자이기 때문이다.

만약 동사가 한 글자라면, AA, A了A, A一A라고 말할 수 있다. 예

를 들면,

看	看了看	看一看	看看
想	想了想	想一想	想想

만약 동사가 두 글자라면, ABAB라고 말하기는 하지만 AB—AB라고 말하지는 않는다. 또 AB了AB로 말하는 경우도 거의 없다.

休息	休息休息	休息了休息(×)	休息一休息(×)
参观	参观参观	参观了参观(×)	参观一参观(×)

113 "唱歌了"와 "唱了歌"와 "唱了一个歌"

"了"는 경우에 따라 목적어 앞에 쓰이기도 하고 목적어 뒤에 쓰이기도 한다.

다음 문장을 비교해보자.

① 昨天晚上我唱歌了。

② 昨天晚上我唱了一个歌。

③ 昨天晚上我唱了歌，跳了舞，玩儿得很愉快。

'완성(完成)'의 의미를 나타낼 때, "了"가 목적어 앞에 놓이는지 목적어 뒤에 놓이는지는 일반적으로 다음과 같이 구별해서 말한다.

첫째, 만약 목적어가 아주 간단하고 강조할 필요도 없다면 "了"는 목적어의 뒤에 놓인다.

 ④ 昨天晚上我唱歌了。

 ⑤ 他昨天去北京了。

 ⑥ 我们昨天踢足球了。

둘째, 만약 목적어가 좀 복잡해서 목적어 앞에 수량을 표시하는 단어나 어구가 있거나 목적어의 의미가 비교적 중요하여 강조할 필요가 있다면, "了"는 목적어의 앞에 놓인다.

 ⑦ 昨天晚会上我唱了一个歌。

 ⑧ 昨天晚会上我唱了一个中国歌。

 ⑨ 昨天晚上我吃了蛇肉！

셋째, 만약 목적어가 아주 간단하지만 문장이 끝나지 않고 뒤에 어떤 말이 있다면 "了"는 목적어 앞에 놓인다.

 ⑩ 他唱了歌，跳了舞，玩儿得很高兴。

아래 예문에서 서로 다른 "了"의 위치를 비교해보자.

 ⑪ 昨天晚上下雨了。

 ⑫ 昨天晚上下了一场大雨。

 ⑬ 昨天晚上下了雨，今天就凉快多了。

114

"学了两年汉语"와 "学了两年汉语了"

"学了两年汉语"와 "学了两年汉语了"의 의미는 완전히 같은 것은 아니다.

다음 문장을 비교해보자.

① A：你学了几年汉语了？

B：我学了两年(汉语)了。

② A：你学了几年汉语？

B：我学了两年(汉语)。

①에는 "了"가 두 번 나오고 ②에는 "了"가 한 번 나오는데 두 문장의 의미는 서로 다르다.

①의 의미는 중국어를 배우기 시작한 때부터 지금까지 2년이 되었다는 뜻이다.

"学了两年了"

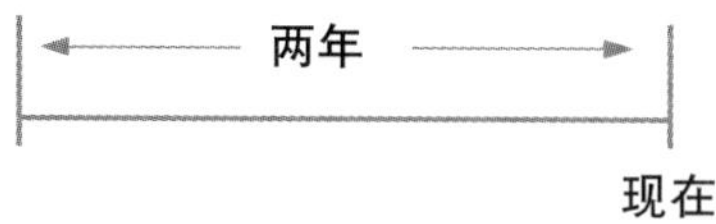

②의 의미는 이전에 2년 간 중국어를 배운 적이 있다는 뜻이다.

"学了两年"

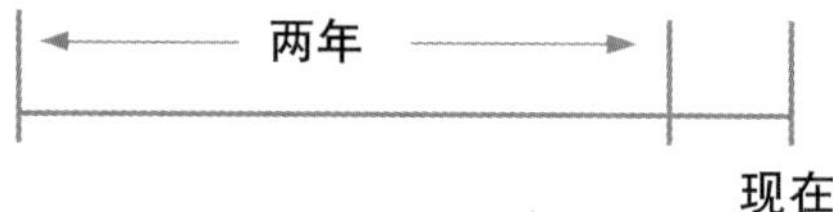

다음을 비교해보자.

③ a : 我现在在北京语言文化大学学习汉语，我已经学了两
年了。

b : 来北京工作以前，我在法国学了两年汉语。

④ a : 你怎么还在看电视，你都看了三个小时电视了。

b : 昨天晚上我看了三个小时电视。

⑤ a : (喝啤酒)

来，再喝一瓶。

不，不，我已经喝了两瓶了，不能再喝了。

b : 昨天晚上你喝了几瓶啤酒？

我喝了两瓶。

그러나, 만약 "……了……了" 뒤에 다른 말이 오면 두번째 "了"는 말
하지 않아도 그 의미는 같다.

⑥ 我学了两年汉语(了)，现在还在学。

⑦ 他看了三个小时电视(了)，还想看下去。

⑧ 我已经喝了两瓶(了)，不能再喝了。

115

"来中国两年了"와 "来了两年了"

① 我来中国两年了。

② 我来了两年了。

②에는 ①보다 "了"가 하나 더 있다. 이유는 간단하다. ①에는 목적어인 "中国"가 있고, ②에는 목적어가 없기 때문이다. 그리고 "来"는 단음절 동사이므로 "来" 뒤에 "了"를 덧붙인 것이다. 이렇게 하면, 보다 부드럽게 들린다.

③ 他去日本三个月了。

④ 他去了三个月了。

⑤ 那位老人去世(了)一年了。

⑥ 那位老人死了一年了。

116

"他去商店买自行车了"와 "他去商店买了一辆自行车"

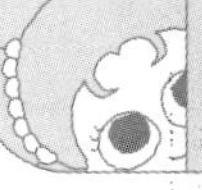

"他去商店买自行车了"와 "他去商店买了一辆自行车"의 의미는 서로 다르다.

> ① 他去商店买自行车了。
>
> ② 他去商店买了一辆自行车。

두 문장의 의미는 서로 다르다.

①에서 알 수 있는 것은 그가 상점에 간 것이 자전거를 사기 위해서라는 것뿐, 그가 자전거를 샀는지의 여부는 알 수 없다.

②에서는 그가 상점에 갔고, 자전거 한 대를 샀음을 알 수 있다.

> ① 他去商店买自行车了。
>
> ② 他去商店买了一辆自行车。

①의 "自行车" 앞에는 수량사가 없지만, ②의 "自行车" 앞에는 수량사인 "一辆"이 있음에 주의해야 한다.

> ③ 小王的同学：小王在学吗？
>
> 　小王的妈妈：他不在，他去中山体育场看球赛了。
>
> ④ 小王：我昨天去中山体育场看了一场球赛。
>
> 　马丁：球赛好看吗？
>
> 　小王：好看极了！

117

"他喜欢跳舞"와
"他喜欢跳舞了"

① A：他喜欢什么？

　　B：他喜欢跳舞。

② A：他以前不喜欢跳舞，现在怎么样？

　　B：现在他喜欢跳舞了。

①에는 "了"가 없고, ②에는 "了"가 있다. 이 "了"는 변화를 나타내는 것으로 다른 사람에게 전과 달라지고 본래의 계획과도 달라졌으며, 변화가 일어나 새로운 상황이 나타났음을 알려주는 것이다.

③ 他以前瘦瘦的，可是现在胖了。

④ 刚才天气还挺好的，可是突然下雨了。

⑤ 他的眼睛坏了，看不见东西了。

⑥ 他昨天说要跟我们一起去旅行，可是今天告诉我说他不想去了。

다음 두 예문을 비교해보자.

⑦ 他会说汉语了。

⑧ 他不会说汉语了。

⑦의 의미는 그는 이전에는 말할 수 없었으나, 지금은 말할 수 있다는 것이다.

⑦´ 他刚来中国时不会说汉语，现在会说了。

⑧의 의미는 그는 이전에는 말할 수 있었으나, 지금은 말할 수 없다는
것이다.

⑧´ 他是在中国出生的，可是五岁就去了美国，在美国一直
说英语，汉语都忘了，现在不会说汉语了。

변화를 나타내는 "了"는 반드시 목적어의 뒤에 놓여야 하며, 목적어
앞에 쓸 수는 없다.

⑨ 他会说汉语了。(他会说了汉语。(×))

⑩ 他喜欢唱歌了。(他喜欢了唱歌。(×))

변화를 나타내는 了를 써서 문장을 완성해봅시다.

1 他刚才很高兴，__________。

2 来中国以前我看不懂中文报纸，__________。

3 上次见面时他还只是个小孩子，__________。

4 以前他总是睡得很晚，__________。

5 这本书昨天书店里还有，可是 __________。

6 刚才你不能进来，现在 __________。

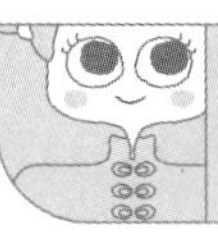

118 "别睡了，起床吧"에서 了의 용법

"别……了"는 다른 사람이 하고 있는 일을 제지하는 것으로, 그(들)에게 하고 있던 일을 계속하지 못하도록 하는 것이다.

① (A가 B의 방에 들어갔는데 B가 자고 있다.)

　　A：喂，别睡了，已经七点半了，快起床吧。

② (친구들이 교실에서 떠들고 있는데 선생님이 들어오셨다.)

　　老师：大家别说话了，我们开始上课吧。

③ (아이가 밖에서 놀고 있는데 엄마가 들어와서 밥 먹으라고 불렀다.)

　　妈妈：别玩儿了，回来吃饭吧。

④ (앤디와 마틴이 호텔에 있는데 앤디가 술 한 병을 마시고 더 마시려고 했다.)

　　马丁：别喝了，再喝，你会喝醉的。

"别……了"는 다른 사람이 마음속으로 하고자 하는 일을 못하도록
하는 데에도 사용할 수 있다.

⑤ A：我明天想去那儿看看。

B：<u>别去了</u>，那儿没什么看头。

⑥ A：我去买一把雨伞。

B：<u>别去买了</u>，用我的伞吧。

119

"上课了，大家快进来"에서 了의 용법

 "上课了"의 의미는 수업 시간이 되었다는 것이다.

학생들은 매일 8시에 수업을 한다. 이미 8시가 되었고, 선생님이 교
실에서 수업할 준비를 하시는데도 친구들 중 몇 명이 아직 교실 밖에
서 얘기를 하고 있다면, 이때 선생님은 그 친구들에게 이렇게 말씀하
실 것이다.

上课了，大家快进来吧。

여기에서 "上课了"의 의미는 '수업 시간이 이미 되었으니, 수업을

해야 한다' 는 것이다.

▶ "…… 了" = "…… 的时间已经到了"

① **司机**：开车了, 开车了, 请大家快上车！

② **母亲**：孩子们, 吃饭了, 别玩了, 都过来吃饭吧。

③ (11시 30분이 수업 끝나는 시간인데, 이미 11시 34분이 되었는데
도 선생님은 아직도 수업을 하고 계신다.)

学生：老师, 下课了, 我们下课吧, 好吗？

120

"明天吃了晚饭去看京剧" 에서 了 의 용법

明天吃晚饭了去看京剧。(×)

明天吃晚饭去看京剧。(×)

"明天吃了晚饭去看京剧。"와 "明天吃(了)晚饭以后去看京剧。"의 의미는 같다. 여기서 "了"는 '완료'를 나타내며 반드시 동사의 뒤에 놓인다.

만약 '…… V_1 …… V_2 ……' 가 있는데, 의미는 'V_1 …… 以后, V_2 ……' 라면, V_1 뒤에 "了"를 쓴다 : …… V_1 了 …… V_2

▶ …… V_1 了 …… V_2 …… = …… V_1 …… 以后 , V_2 ……

① 明天中午下了课我们要去小王家。

② 昨天晚上看了电影我就回家了，没去别的地方。

③ A：你什么时候去图书馆？

　　B：外面雨停了就去。

④ A：我该走了。

　　B：别着急，现在才七点三刻，等过了八点再走吧。

아래의 문장에 了를 넣어봅시다. (以后는 사용하지 않아도 됨.)

1 吃晚饭以后请你到我家里来一趟。

2 我昨天参观工厂以后就回家了。

3 我看报纸以后才知道那个消息。

4 等你病好以后我们一起去旅行。

5 这个字的意思我查字典以后才明白。

121 "他每天很早起床"과 "他每天很早就起床了"

우리는 이미 "每天"이나 "常常" 등이 있는 문장에서 "了"를 사용할 수 없다는 것을 알고 있다. 왜냐하면 그것이 표현하는 것은 습관이지 '완료'가 아니기 때문이다.

    ① 他每天很早起床。

    ② 他常常迟到。

그러나, 다음과 같이 말하기도 한다.

    ③ 他每天很早就起床了。

여기서 "了"가 쓰인 이유는 아주 간단하다. "就"가 있기 때문이다. "就"는 종종 "了"와 같이 쓰이며, "已经"도 늘 "了"와 함께 쓰인다.

    ④ 他每天六点**起**床。

    ⑤ 他每天六点**就**起床了。

    ⑥ 他每天八点**才**起床。

    ⑦ 我每次到教室的时候，他**已经**在教室学习了。

    ⑧ 我每次到教室的时候，他**刚刚**走进学校大门。

⑤나 ⑦은 "就", "已经"을 썼기 때문에 뒤에 "了"가 있지만 ⑥은 '늦었음'을 나타내는 "才"가 사용되었고, ⑧은 "刚刚"을 썼기 때문에 뒤에 "了"를 쓰지 않았다.

 **A, B 중 옳은 문장을 골라봅시다.**

1 A. 他常常感冒。

　 B. 他常常感冒了。

2 A. 他们每个星期一都上文化课，从来没变过。

　 B. 他们每个星期一都上文化课了，从来没变过。

3 A. 他每天早上七点半就来。

　 B. 他每天早上七点半就来了。

4 A. 我刚刚来，还不了解这儿的情况。

　 B. 我刚刚来了，还不了解这儿的情况。

122 "他昨天来的"와 "他昨天来了"

 我去年九月来了中国。(×)

① 他昨天来了。

② 他昨天来的。(= 他是昨天来的。)

①과 ②는 다르다. 여기서 "来"는 모두 이전의 일이므로 "了"를 사

용하거나, "的"를 사용할 수 있지만 그 의미는 서로 다르다. ①의 중점은 "来了"이고, ②의 중점은 "昨天"이다. ①은 "来"에 강세를 두고, ②는 "昨"에 강세에 두어 읽는다.

① 他昨天**来**了。

② 他(是)**昨**天来的。

말하자면 "了"를 사용하는 것은 다른 사람에게 '무엇을 했다는' 사실을 말하려는 것이다. "是……的"는 다른 사람에게 '언제', '어디서', '어떻게', '누가' 했는지를 말하려는 것이다.

③ A : 他昨天**来了没有**？

　　B : 他昨天**来了**。

　　A : 他(是)**怎么**来的？

　　B : 他(是)**坐汽车**来的。

④ A : 词典你**买了**吗？

　　B : **买了**。

　　A : 你(是)**什么时候**买的？

　　B : **前天上午**。

　　A : **在哪儿**买的？

　　B : 我(是)**在学校旁边的那家书店**买的。

⑤ A : 马丁的父亲是个医生。

　　B : **我已经知道了**。

　　A : (是)**谁**告诉你的？

　　B : (是)**马丁自己**告诉我的。

"是……的"에서 "是"는 생략해도 되지만 "的"는 반드시 붙여야 한다. 상해에서 오랜 친구를 만났을 때 다음과 같이 말한다면 틀린 문장이 된다.

⑥ 我上个月来了上海。(×)

⑥에서는 "了"를 사용했는데 이 표현의 중점은 '상해에 왔다'는 것
이 된다. 그러나 친구는 당연히 당신이 이미 '상해에 왔다'는 것을 알
고 있기 때문에 이것이 중점이 될 수는 없다. 여기서 중점은 '언제'이
어야 하고 당신은 언제 상해에 왔는지를 그에게 알려줘야만 한다. 그
래서 다음과 같이 말하는 것이 좋다.

⑦ 我(是)上个月来上海的。
⑧ 我(是)上个月来的上海。

了 혹은 的를 써서 빈칸을 채워봅시다.

1 A：他爸爸来上海 __________ 。

B：哦，是吗？ 什么时候来 __________ ？

A：前天晚上。

2 A：我前几天买 __________ 一件衬衫。你看，怎么样？

B：嗯，式样不错。在哪家商店买 __________ ？

A：在中山商场。

3 最近他很忙。上个星期他去____ 广州，昨天刚回来，明天又
要去南京了。

4 我今年二月来北京 __________ 。来北京以后，就在北京语言
文化大学学汉语，已经学了半年多了。

123

"我们是明天去参观的" 일까,
"我们明天去参观" 일까?

 **我们是明天去参观的。(×)**

"是……的"를 사용한 문장은 '언제', '어디서', '어떻게', '누가' 했는가를 강조한다.

$$（是） \begin{bmatrix} 什么时候 \\ 什么地方 \\ 怎么样 \\ 谁 \end{bmatrix} ＋ 동사 ＋ 的$$

여기서 동사는 반드시 과거나 이전의 일을 나타낸다.

① 他(是)昨天去参观的。

② 他的词典(是)上个月买的。

따라서 다음 문장은 틀린 표현이다.

③ 他(是)明天去参观的。(×)

④ 他的词典(是)下个月买的。(×)

"这不是可能的"일까, "这是不可能"일까?

这不是可能的。(×)
他不是知道的。(×)

"是……的"는 긍정적 어기를 나타낼 수 있다.

① 这个问题很容易解决。

② 羊肉我很喜欢吃。

③ 这件事他不知道。

④ 这不可能。

위 문장은 모두 화자의 견해, 의견, 태도 등을 나타낸다. 위 문장의
술어를 "是……的" 안에 놓을 수도 있다.

▶ 주어 + 是 + 술어 + 的

① 这个问题是很容易解决的。

② 羊肉我是很喜欢吃的。

③ 这件事他是不知道的。

④ 这是不可能的。

이때 "不"는 당연히 "是……的" 안에 둔다.

▶ 这 + 是 + 不可能 + 的

"胖的姓张"의 해석

"的"자가 있는 구조는 하나의 명사와 같다.

아래의 예문을 살펴보자.

① 我有两位朋友，那位胖的人姓张，那位瘦的人姓王。

이때, "人"을 말하지 않아도 되므로 ①을 바꾸면 다음과 같다.

② 我有两位朋友，那位胖的姓张，那位瘦的姓王。

여기에서 "胖的", "瘦的"는 모두 "的"자 구조이다. "的"자 구조는 하나의 명사에 해당하고, 그것은 어떤 사람, 어떤 물건, 혹은 어떤 한 부류의 사람, 어떤 부류의 물건을 가리킨다.

③ <u>穿红衣服的</u>是我妹妹。

④ <u>你说的</u>我都听得懂，<u>他说的</u>我都听不懂。

⑤ A：这些书放哪儿？

   B：<u>中文的</u>放左边，<u>英文的</u>放右边。

③에서 "穿红衣服的"는 '빨간 옷을 입은 사람'을 가리키고, ④에서 "你说的" "他说的"는 모두 '말'을 가리키며, ⑤의 "中文的" "英文的"는 모두 '책'을 가리킨다.

⑥ A：你要哪件毛衣？

   B：我要那件<u>红的</u>。

⑦ A：这是我的课本吗？

   B：不，这不是<u>你的</u>，这是<u>我的</u>。

⑧ 他是<u>教口语的</u>还是<u>教听力的</u>？

⑥의 "红的"는 '털옷'을 가리키고, ⑦의 "你的"나 "我的"는 '교재'를 가리키며, ⑧의 "教口语的", "教听力的"는 '선생님'을 가리킨다.

때로 "的"자 구조는 무례하게 들리기도 한다. 아래 문장을 비교해보자.

⑨ 她是个端盘子的。

⑩ 她是个饭店服务员。

⑨와 ⑩의 의미는 비슷하지만 ⑨는 무례하게 들리며 '그녀를 깔보는' 의미가 약간 있다.

的를 A, B, C 중 적당한 위치에 놓아봅시다.

1 站在我 A 旁边 B 是我 C 哥哥。

2 老师 A 讲 B 你都听 C 懂了吗？

3 我想 A 买 B 一件再大一点儿 C。

4 我们昨天 A 参观 B 是一个大 C 医院。

5 我 A 想 B 说 C 都已经说完了。

126

"他是昨天来的"와 "他是很客气的"와 "他是教口语的"

"是……的"의 종류에는 세 가지가 있다.

아래의 세 개 예문은 모두 "是……的"의 구조이나 이것은 세 가지 유형이다.

　① 他是昨天来的。

　② 他是很客气的。

　③ 他是教口语的。

①의 "是……的"는 문장의 상황어인 "昨天"을 강조하는데, 이것이 첫번째 "是……的"의 용법이다.

　④ 他是**从南方**来的。

　⑤ 他是**坐飞机**来的。

부정할 때는, "不"를 "在"의 앞에 놓는다.

　⑥ 他不是从南方来的。

　⑦ 他不是坐飞机来的。

여기서 말하는 것은 모두 과거의 일이다.

②의 "是……的"는 긍정의 어기를 표시하며, 이것이 두번째 "是……的"의 용법이다.

　⑧ 他是很会唱歌的。

⑨ 这儿的冬天是很冷的。

부정할 때는 "不"를 "是"의 뒤에 놓는다.

⑩ 他是不会唱歌的。

⑪ 这儿的冬天是不冷的。

여기서 말하는 것은 반드시 과거의 일만은 아니며 현재, 미래가 모두 가능하다.

③의 "是……的"는 "是 ＋ 的" 구조이다.

⑫ 这个杯子是刷牙的，那个杯子是喝水的。

⑬ A：他是什么老师？

　　B：他是教口语的。

이러한 문장들은 우리에게 사람이나 사물의 부류를 명확하게 알려준다.

不를 A, B 중 적당한 위치에 넣어봅시다.

1 我A是B从韩国来的。

2 这A是B可能的。

3 这种比赛我A是从来B参加的。

4 你看错人了，王老师A是B戴眼镜的。

5 这消息是小王告诉我的，A是小李B告诉我的。

6 这些家具A是B新买的，是原来就有的。

127

"正写着信呢"와 "正写着信"

"正写着信"은 단독으로 하나의 문장이 될 수 없다.

동작의 진행을 표현할 때는 다음 표와 같이 표현할 수 있다.

$$\left[\begin{array}{l} 在 \\ 正在 \\ 正 \end{array}\right] + \cdots 동사着 \cdots + 呢$$

여기서의 "在 / 正在 / 正", "着", "呢" 반드시 모두 함께 써야 하는
것은 아니므로, 다음과 같이 표현할 수 있다.

① 我**在**写信。

② 我**正在**写信。

③ 我**在**写信**呢**。

④ 我**正在**写信**呢**。

⑤ 我**正**写信**呢**。

⑥ 我**在**写**着**信**呢**。

⑦ 我**正在**写**着**信**呢**。

⑧ 我**正**写**着**信**呢**。

⑨ 我写**着**信**呢**。

⑩ 我写信**呢**。

①에서 ⑩까지의 어떤 문장이나 모두 "你现在在干什么?"라는 질문
의 답이 될 수 있다.

⑪ A：你在干什么？

　　B：我在写信。

⑫ A：昨天这个时候你在干什么？

　　B：跟现在一样，在上课呢。

⑬ A：明天这个时候你在干什么？

　　B：大概正在看书吧。

⑭ A：他进来的时候，你正在干什么？

　　B：我正睡着觉呢。

①에서 ⑩에 대한 부정은 "没在 + 동사"를 쓰거나, 혹은 "不在 + 동사"를 쓴다.

⑮ 他正学习呢。　→　他没在学习。

⑯ 外面在下着雨呢。　→　外面没在下雨。

주의할 것은 아래의 ⑰과 같은 문장은 "你现在在干什么?"라는 질문의 답이 될 수 없다는 것이다.

⑰ A：你在干什么？

　　B：我正写着信。(×)

문장에 "着"를 썼으면 뒤에 반드시 "呢"를 써야 하며, "着"는 단독으로 쓰일 수 없다. 만약 "着"만 사용하고 "呢"를 쓰지 않았을 경우에는 뒤에 나오는 문장의 상황이 된다.

⑱ 我们正谈着话，老师走进来了。

⑲ 我正写着信，我同屋回来了。

⑳ 正看着电视，我突然感觉有点儿头疼。

128

"他在在教室上课"와 "他在教室上课"

他在在教室上课。(×)

아래의 두 예문을 살펴보자. 이 두 문장의 "在"는 같을까?

① 他在上课。

② 他在教室。

두 가지 "在"가 있다. ①의 "在"는 "正在"의 의미이고, ②의 "在"는 "在什么地方"의 의미이다. 그렇다면 ①+②는 가능할까?

③ 他在在教室上课。(×)

이렇게 말할 수는 없다. ③의 의미를 나타내려면 "在" 하나만 쓰면 된다.

④ 他在教室上课。

좀 더 정확히 하려면 다음과 같이 말할 수 있다.

⑤ 他正在教室上课。

⑥ 他现在在教室上课。

(이때는 "在"가 두 개 있을 수 있지만, 앞의 "在"는 "现在"의 일부일 뿐이다.)

그러나 "他在教室上课"라고만 말해도 보통은 분명하게 알아듣는다.

⑦ A：小王在家吗？

B：不在。他在教室上课。(在上课 + 在教室)

⑧ A：你们每天在哪儿上课？

　　B：在309教室上课。(上课＋在309教室)

129

"他在穿大衣"와 "他穿着大衣"

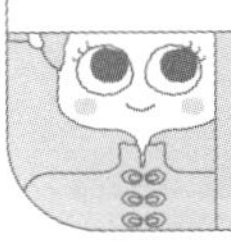

"他在穿大衣"가 그의 동작을 말하는 것이라면, "他穿着大衣"는
상태를 말하는 것이다.

　　① A：他现在在干什么？

　　　B：他在穿大衣，

　　　　马上就出来了。

　　② A：他冷不冷？

　　　B：我想他不冷，

　　　　你看，他穿着

　　　　大衣呢。

동작을 나타낸 예를 보자.

　　③ 他在做作业。

　　④ 他正在做作业。

　　⑤ 他正在做作业呢。

상태를 나타낸 예를 보자.

　　⑥ 你看他：戴着一副眼镜，穿着一件大衣，拿着一本厚厚
　　　 的书，他是个大学教授吧？

130 "躺着看书"에서의 着

"躺着看书"는 "怎么样看书(어떤 상황에서 책을 읽었는가)"를 알려준다.

$$\cdots\cdots V_1 \text{着} \cdots\cdots V_2 \cdots\cdots$$

V_2는 '무엇을 하는지'를 말하고, V_1은 '어떻게'를 말하며, "$\cdots\cdots V_1$ 着$\cdots\cdots V_2\cdots\cdots$"는 우리에게 어떻게 V_2를 하는가, 혹은 V_2를 할 때에 그는 어떠한가를 알려준다.

$$\cdots \underline{V_1\,着} \cdots \underline{V_2} \cdots$$

① 他喜欢<u>躺着看书</u>。

② 他<u>笑着说</u>……

③ 他<u>唱着歌进来</u>了。

④ 他<u>手里拿着一本书走进教室</u>。

괄호 속의 단어를 응용하여 빈칸을 채워봅시다.

1 他 ＿＿＿＿＿＿＿＿ 走进房间 (唱歌)

2 他 ＿＿＿＿＿＿＿＿ 走进房间 (手里拿一个茶杯)

3 他 ＿＿＿＿＿＿＿＿ 走进房间 (笑)

4 他 ＿＿＿＿＿＿＿＿ 走进房间 (带一个小孩子)

5 他 ＿＿＿＿＿＿＿＿ 走进房间 (低头)

6 他 ＿＿＿＿＿＿＿＿ 走进房间 (　　)

7 他 ＿＿＿＿＿＿＿＿ 走进房间 (　　)

看了 와 看过

아래의 예문을 살펴보자.

① 这本书我以前看过，昨天又看了一遍。

이 문장의 앞에 "过"를 사용하고 뒷부분에는 "了"를 사용하였다. 만약 '과거에 어떠한 경력이나 경험이 있다'는 것을 표시하려면 "过"를 사용하며, '과거의 어떤 시간에 어떠한 일을 했다'는 것을 표현하고자 하면 "了"를 사용한다. ②와 ③을 비교해보자.

② A : 昨天是星期天，你怎么过的？

　　B : 我去了市区，看了一场电影。

이처럼 화자가 상대방에게 자신이 일요일에 무엇을 했는지 알리고자 할 때는 "了"를 쓴다.

③ A : 今晚的电影你去看吗？

　　B : 我以前看过这部电影，这次不想再看了。

이처럼 화자가 상대방에게 자신이 '다시 보고 싶지 않다'는 이유, 즉 이전에 본 적이 있음을 알리고자 할 때는 "过"를 쓴다.

了나 过를 써서 빈칸을 채워봅시다.

1 A：昨天的汉语课你们学 ＿＿＿＿ 什么？

　B：我们学 ＿＿＿＿ 生词、语法，还做 ＿＿＿＿ 练习。

2 A：这个字你认识吗？

　B：不认识，我没学 ＿＿＿＿ 。

3 A：你昨天去哪儿 ＿＿＿＿ ？

　B：我去我朋友家 ＿＿＿＿ 。

4 A：他家你认识不认识？

　B：我认识。我去 ＿＿＿＿ 他家。

5 A：你在这儿住 ＿＿＿＿ 多长时间了？

　B：住 ＿＿＿＿ 三年了。

6 A：你对那儿熟悉不熟悉？

　B：很熟悉，我曾经在那儿住 ＿＿＿＿ 三年。

132

来了 와 来过

"来了"와 "来过"는 의미가 다르다.

다음 문장을 비교해보자.

① A：客人<u>来了</u>没有？

　　B：<u>来了</u>，正在屋里坐着呢。

② A：客人刚才<u>来过</u>没有？

　　B：<u>来过</u>，他看你不在，又回去了。

①에서 손님은 현재 여기에 있지만, ②에서 손님은 현재 여기에 없다.

③ 这词典我不买，我已经<u>有了</u>。

④ 这词典我以前<u>有过</u>，后来送给我弟弟了。

了나 过를 사용하여 빈칸을 채워봅시다.

1　我前年来 ＿＿＿＿ 这儿，去年也来 ＿＿＿＿ ，今年是第三次来这儿了。

2　一个月以前，他们有 ＿＿＿＿ 一个孩子，所以现在他们忙多了。

3　他们从前有 ＿＿＿＿ 一个孩子，可是后来死了。

4　A：他结婚 ＿＿＿＿ ，你知道吗？

　　B：太好了！新娘是谁？

5　他曾经结 ＿＿＿＿ 婚，后来离婚了，不过，听说他最近又结婚。

234

133 "吃过饭了"와
"吃过蛇肉"

"过"에는 두 가지 의미가 있다. 하나는 '완료'를 나타내고, 다른 하나는 '경험'을 나타낸다.

다음 문장을 비교해보자.

   ① 你吃过饭了吗?

   ② 你吃过蛇肉吗?

①과 ②의 "过"는 같지 않다. ①의 "过"는 '완료'를 나타내고, ②의 "过"는 '경험'을 나타낸다.

첫째, '완료'를 나타내는 "过"의 뒤에는 "了"가 올 수 있고, '경험'을 나타내는 "过"의 뒤에는 "了"가 올 수 없다.

   ③ 晚饭已经吃过了。

   ④ 蛇肉我吃过。

둘째, '완료'를 나타낼 때는 동사 앞에 "以前"이 올 수 없고, '경험'을 나타낼 때는 동사 앞에 "以前"이 올 수 있다.

   ⑤ 晚饭已经吃过了。

   ⑥ 蛇肉我以前吃过。

셋째, 대답하는 방식도 다르다.

   ⑦ A：你吃过了吗?

      B：吃过了。/ 还没吃(呢)。

   ⑧ A：你吃过蛇肉吗?

      B：吃过。/ (还)没吃过。

134

"下雨起来"일까, "下起雨来"일까?

外面下雨起来了. (×)

"起来"는 '시작'을 나타낼 수 있다.

① 他胖起来了。

② 他高兴得唱起来了。

"胖起来"는 '뚱뚱해지기 시작했다' 는 것이고, "唱起来"는 '노래 부르기 시작했다' 는 것이다. 이때, 만약 "起来" 앞에 동사가 오고 동사가 목적어를 지니면 이 목적어는 "起来"의 중간에 놓여야 한다.

▶ 동사 + 起(목적어) 来

唱歌 + 起来 → 唱起歌来
下雨 + 起来 → 下起雨来
跳舞 + 起来 → 跳起舞来

① 外面突然下起雨来了。

② 他高兴得唱起歌来了。

③ 你什么时候也学起汉语来了？

④ 等他一说完，大家就一起鼓起掌来。

起来를 사용하여 아래 문장을 고쳐봅시다.

1 吃完饭，他一个人在房间里<u>看书</u> + 起来

   → ____。

2 他以前只写诗，现在<u>写小说了</u> + 起来

   → ____。

3 两个人走进房间坐下，就<u>谈工作了</u> + 起来

   → ____。

4 说着说着，他就<u>哭了</u> + 起来

   → ____。

5 夏天到了，天气<u>热了</u> + 起来

   → ____。

6 谈着谈着，两个人就<u>吵架了</u> + 起来

   → ____。

"请你说下去"에서 下去의 용법

请你说话下去。(×)

"下去"는 동사의 뒤에 놓여 '계속'의 의미를 나타낸다.

　① 请你说下去。

①의 의미는 '계속해서 말하시고 멈추지 마세요'라는 것이다. 여기서 주의할 것은 동사 뒤에는 목적어가 올 수 없으므로 "说话下去"라고는 말해서는 안 된다는 점이다.

▶ 동사 + 下去

② 这本书没意思，我不想看下去了。

③ 我喜欢现在的工作，所以我打算在这儿一直干下去。

④ 我们已经等了一个小时了，还要等下去吗？

136

坚持下来了 와 坚持下去

"동사+下来"는 과거에서 현재까지 계속되는 것을 나타낸다. "동사+下去"는 현재에서 미래까지 계속하는 것을 나타낸다.

"동사 + 下来"는 과거에서 현재까지 계속되는 것을 나타낸다. "동사 + 下去"는 현재에서 미래까지 계속하는 것을 나타낸다.

장거리 운동선수가 아주 힘들게 뛰어 결국 완주를 해냈을 때, 우리는 이렇게 말할 수 있다.

① 他终于坚持下来了。

동사 + 下来

과거　　　　　　　　　현재

만약 이 장거리 선수가 아직 완주하지 못했을 때, 그가 계속 뛰도록 격려하려 한다면 우리는 이렇게 말해야 한다.

② 你一定要坚持下去！

동사 下去

과거　　　　　　미래

또 다른 예를 들어보자.

③ 这个故事是从古代流传下来的，它将一直流传下去。

137

亮起来了 와
暗下来了

"亮起来了"와 "暗下来了"의 "起来"와 "下来"는 모두 '~하기 시작했다'를 나타낸다. "亮起来了"는 '밝아지기 시작했다'는 뜻이고, "暗下来了"는 '어두워지기 시작했다'는 뜻이다.

① 到了晚上，天暗下来了，马路两边的灯都亮起来了。

왜 하나는 "起来"를 쓰고, 다른 하나는 "下来"를 쓸까? 이것은 "亮"과 "暗" 두 단어가 우리에게 주는 느낌이 다르기 때문이다. "亮"은 마치 위로 확대되는 느낌이고, "暗"은 마치 아래로 움츠러드는 느낌이 들기 때문이다.

예를 들면;

| ↑ | 热闹起来 | 胖起来 | 硬起来 | ↑ | 亮 |
| ↓ | 安静下来 | 瘦下来 | 软下来 | ↓ | 暗 |

② 八月底，大学生们一个个从家里回到学校，新的学期又要开始了，校园里热闹起来了。

③ 上课了，老师走进教室，同学们就安静下来了。

"见面你我很高兴"은 맞는 표현일까?

见面你我很高兴。(×)
他昨天见面了一位老朋友。(×)
他结婚了一位中国姑娘。(×)

아래의 문장을 비교해보자.

① a : 见到你我很高兴。

　 b : 见面你我很高兴。(×)

② a : 昨天我见到了一位老朋友。

　 b : 昨天我见面了一位老朋友。(×)

위의 예문에서 "见到" 뒤에는 목적어가 오고, "见面" 뒤에는 목적어가 올 수 없다는 것을 알 수 있다. 왜일까? 원래 "见面"은 하나의 단어가 아니고 두 개의 단어로, "见"은 동사, "面"은 목적어이기 때문이다. 즉, "见面"은 '동사 + 목적어'의 형태이기 때문에 뒤에 다시 목적어가 올 수 없는 것이다(见面你(×)).

아래의 단어들은 모두 '동사 + 목적어'의 형태로 뒤에 다시 목적어가 올 수 없다.

见面	结婚	离婚	开玩笑	分手
握手	招手	道谢	生气	帮忙
请客	劳驾	毕业	谈话	打招呼

다음과 같이 표현할 수 있다.

① <u>跟你</u>见面我很高兴。(见面你(×))

② 他跟一位中国姑娘结婚了。(结婚了一位中国姑娘(×))

③ 他喜欢跟学生开玩笑。(开玩笑学生(×))

④ 我跟他分手一年多了。(分手他(×))

⑤ 他热情地跟我握手。(握手我(×))

⑥ 汽车开得很远了，他还在向我们招手。(招手我们(×))

⑦ 他一再向我道谢。(道谢我(×))

⑧ 他正在生我的气呢。(生气我(×))

⑨ 他常常帮我的忙。(帮忙我(×))

⑩ 他老是开我的玩笑。(开玩笑我(×))

⑪ 你得请我的客呀。(请客我(×))

⑫ 你能不能帮我一个忙？(帮忙我(×))

⑬ 你什么时候大学毕业的？(毕业大学(×))

⑭ 你们正在谈什么？(谈话什么(×))

다음 문장들을 바르게 고쳐봅시다.

| 他昨天见面了他的中国老师。

→ _______________________________________。

2 你什么时候结婚她？

→ _______________________________________？

3 你千万别生气我。

→ _______________________________________。

4 请你帮忙我。

→ _______________________________________。

5 我要请客他。

→ _______________________________________。

6 他毕业复旦大学的。

→ ____。

7 我们开玩笑你，你别生气。

→ ____。

139

"散步散步"는
왜 틀린 표현일까?

咱们出去散步散步吧。(×)

다음 문장을 비교해보자.

① a : 咱们休息休息吧。

  b : 咱们出去散步散步吧。(×)

"休息休息"라고는 말할 수 있는데, 어째서 "散步散步"라고는 말할 수 없는 것일까? 왜냐하면 "休息"는 하나의 단어, 하나의 동사이기 때문에 중첩할 때 ABAB형식을 사용하여 "休息休息"가 된다. 그러나 "散步"는 하나의 단어가 아닌 두 개의 단어로 '동사 + 목적어'의 형태이기 때문에 "散散步步"라고만 말할 수 있는 것이다.

开玩笑 —— 开开玩笑　　　见面 —— 见见面

招　手 —— 招招手　　　握手 —— 握握手

帮　忙 —— 帮帮忙　　　洗澡 —— 洗洗澡

睡　觉 —— 睡睡觉　　　下棋 —— 下下棋

唱　歌 —— 唱唱歌　　　理发 —— 理理发

跳　舞 —— 跳跳舞

跑　步 —— 跑跑步

谈　话 —— 谈谈话

② 咱们吃了晚饭出去散散步吧。

③ 我想跟他见见面。

④ 他每天早上跑跑步，晚上跟朋友们下下棋，跳跳舞，过
　 得既轻松又愉快。

140 "谈话了一会儿"은 왜 틀린 표현일까?

刚才我跟他谈话了一会儿。(×)
她结婚过两次。(×)

"谈话"는 마치 하나의 단어 같지만, 사실 "谈"과 "话"는 분리될 수 있다. "谈话"는 '동사 + 목적어'의 형태이므로 다음과 같이 말할 수 있다.

谈谈话　　　　谈了话　　　　谈过话

谈过一次话　　谈了半个小时话

"谈话"와 비슷한 구조는 자주 볼 수 있다.

唱歌　　　跳舞　　　睡觉　　　走路　　　跑步

洗澡　　　散步　　　上课　　　结婚

다음과 같은 점을 주의해야 한다.

$$A \quad 동사 + \begin{cases} 了 \\ 着 \\ 过 \end{cases} + 수량사 + 목적어$$

① 刚才我跟他谈<u>了</u> <u>一会儿</u>话。

② 她结<u>过</u> <u>两次</u>婚。

③ 回到宿舍以后，我一定要舒舒服服地睡<u>一</u>觉。

④ 洗<u>了</u> <u>一个</u>澡，感觉轻松多了。

⑤ 我们好像见<u>过</u>面，是吗？

B 〔 동사 + 결과보어 + 목적어 〕

⑥ 上完课就回家。

⑦ 洗好澡已经十二点钟了。

주어진 단어들을 사용하여 작문해봅시다.

1 我们刚才谈话 + 了 + 很多

   → _______________________________________。

2 请你唱歌 + 一个

   → _______________________________________。

3 我想跟他见面 + 一次

   → _______________________________________。

4 我们每天上课 + 三个小时

   → _______________________________________。

5 (我们认识)，我们见面 + 过

   → _______________________________________。

6 他每天中午都要睡觉 + 一

   → _______________________________________。

7 理发以后你去哪儿 + 完

   → _______________________________________。

141

的，地，得의 구별

他跑的很快。(×)
他慢慢儿的走进教室。(×)

일반적으로 "的", "地", "得"의 구별은 다음과 같다.

첫째,

목적어 + 的 + 명사

"的"는 한정어를 이끄는 말이다.

① 这是<u>他的</u>书。

② 那个<u>又高又胖的</u>人是我们的英语老师。

③ <u>去西安的</u>**游客**很多。

④ 他有一个<u>很好听的</u>**中国名字**。

둘째,

상황어 + 地 + 동사

"地"는 상황어를 이끄는 말이다.

⑤ 他<u>慢慢儿地</u>**走**进教室。

⑥ 他<u>大声地</u>对我**说**：……

⑦ 大家<u>高高兴兴地</u>**玩**了一天。

셋째,

동사 / 형용사 + 得 + 보어

"得"는 보어 앞에 놓이며, 보어를 이끄는 말이다.

⑧ 我们把房间**打扫**得<u>干干净净</u>。

⑨ 她**激动**得<u>差点儿哭了</u>。

⑩ 他**跑**得<u>很快</u>。

⑪ 他看书**看**得<u>连饭也忘了吃</u>。

的, 地, 得 중에 알맞은 답을 골라 빈칸에 채워봅시다.

1 汽车开 ______ 很慢。

2 他过了一个愉快 ______ 星期天。

3 这是我刚买 ______ 毛衣。

4 他正在认认真真 ______ 做作业呢。

5 他汉语说 ______ 十分流利。

6 他们顺利 ______ 通过了考试。

7 他写 ______ 字很大。

8 他字写 ______ 很大。

142

我(的)朋友와 我的书

다음 문장을 비교해보자.

　① 这是我(的)朋友。

　② 这是我的书。

①에는 "的"가 없어도 되지만, ②에는 반드시 "的"가 있어야 한다.
일반적으로 "我", "你", "他", "她"의 뒤에 "爸爸", "妈妈", "姐姐",
"同学", "朋友"와 같은 명사가 오면 중간의 "的"는 생략해도 된다.

$$\begin{bmatrix} 我 \\ 你 \\ 他 \\ 她 \end{bmatrix} + （的）+ \begin{bmatrix} 爸爸、妈妈 \\ 哥哥 …… \\ 同学、同屋 \\ 朋友 …… \end{bmatrix}$$

　① 我弟弟也在中国学习。

　② 你认识我同屋吗？

　③ 我下午跟我女朋友有个约会。

여기에서, 명사 "爸爸、朋友……" 등은 모두 사람과 사람의 관계를
나티내는 것임에 주의해야 한다. 만일 명사가 사물을 나타낼 경우에
는 반드시 "的"를 써야 한다.

　④ 这是我的教室。

　⑤ 他的房间比我的大。

　⑥ 听了我的故事，大家都笑了。

143

我们(的)学校와 我们的书

"别……了"는 제지하는 것을 나타낸다.

"我们的学校"는 "我们学校"라고 말할 수 있다.

다음 문장을 비교해보자.

① 这是我们(的)学校。

② 这是我们的书。

①에는 "的"가 없어도 되지만, ②에는 반드시 "的"가 있어야 한다.
"我们", "你们", "他们", "她们" 뒤에 "学校", "工厂", "邮局", "商店" 같은 명사가 올 경우에는 대부분 "的"를 생략할 수 있다.

$$\left.\begin{array}{l}\text{我们} \\ \text{你们} \\ \text{他们} \\ \text{她们}\end{array}\right\} + (\text{的}) + \left\{\begin{array}{l}\text{学校、工厂} \\ \text{邮局、商店} \\ \text{班级、国家} \\ \text{……}\end{array}\right.$$

③ 我们学校比你们学校小。

④ 请介绍一下你们国家的天气情况。

⑤ 明天我们要去他们厂参观。

그러나, 만일 수식을 받는 명사가 사물을 나타낼 때는 반드시 "的"를
써야 한다.

⑥ 我们的书比你们的新。

⑦ 请写一下你们的姓名和地址。

⑧ 看了我们的文章，老师笑了。

144

<u>丝绸衬衫</u>과 <u>丝绸的优点</u>

他买了一件丝绸的衬衫。(×)
这些塑料的花儿很便宜。(×)
他是一位汉语的老师。(×)

명사₁ (성질) + 명사₂

하나의 명사가 다른 명사의 앞에 오면 한정어가 된다. 이때 앞의 명사
가 성질(직업, 재료, 종류 등)을 나타내면 중간에 "的"를 쓸 수 없다.

① 他买了一件<u>丝绸</u>衬衫。

② 这些<u>塑料</u>花很便宜。

③ 他是一位<u>汉语</u>老师。

④ 我有两个<u>中国朋友</u>。

⑤ 这是<u>英语词典</u>、那是<u>汉语词典</u>。

만약 뒤의 명사가 앞의 명사에 소속된다면 "的"를 써도 된다.

명사₁ (소속) + 的 + 명사₂

⑥ <u>孩子的父母亲</u>也来了。

⑦ <u>房间的门</u>坏了。

⑧ 今天我们谈谈<u>丝绸的优点</u>。

아래의 문장에 的가 필요하다면 채워넣고, 필요 없으면 ×표를 쳐봅시다.

1 这是老师 ______ 课本。

2 这是初级汉语 ______ 课本。

3 你的中国 ______ 朋友叫什么名字？

4 他是中国人民 ______ 老朋友。

5 他是一个汽车 ______ 司机。

6 这辆汽车 ______ 车门不太好。

7 我买了一套玻璃 ______ 杯。

8 那儿还有不少木头 ______ 房子。

9 你知道这种玻璃 ______ 价钱吗？

145

大院子_와

很大的院子

아래의 구들은 모두 '형용사 + 명사'로 구성되어 있다.

好朋友	新书	小事	大院子	脏衣服
大商店	小河	高山	旧报纸	老同学

이때 형용사는 대부분 단음절이고, 형용사와 명사 중간에는 "的"가 없다. 평상시에 자주 쓰는 어휘들로 하나의 단어처럼 쓰인다.

① 我家有一个大院子，院子里有许多花儿。

② 他是我的好朋友。

특별히 강조할 때만 중간에 "的"를 덧붙인다.

③ 旧的书都放在下面，新的书放在上面。

하지만 형용사가 두 음절일 경우에는, 형용사와 명사 사이에 대체로 "的"가 있다.

④ 我家有一个漂亮的院子。

또한 형용사 앞에 "很", "非常" 등이 있거나, 형용사가 중첩된 형시일 경우에는 반드시 "的"를 사용한다.

⑤ 我家有一个很大的院子。

⑥ 他是我最好的朋友。

⑦ 前面是一条小小的河。

다음 문장의 적당한 위치에 **的**를 넣어보고, **的**가 생략 가능한 문장을 골라봅시다.

1 他是我好朋友。

2 他是我最好朋友。

3 干干净净桌子上，放着一本新词典。

4 我家前面有一个大商店。

5 我家前面有一个不太大商店。

6 他总是买便宜东西，从来不买贵东西。

7 那条小河里有鱼。

8 这是一件大事，一件重要事。

146 "写字很大"일까, "写的字很大"일까?

他写字很大。(×)
我们去参观农村很远。(×)
昨天我买一本词典很贵。(×)

"他写字"라고 말할 수도 있고, "字很大"라고도 말할 수 있다. 그러나 "他写字很大"라고는 할 수 없다.

① 他写的字很大。

여기에서 "他写"는 "字"의 한정어이다.

他写　的　字

② 我们去参观农村 + 农村很远

　　我们去参观的农村很远。

③ 昨天我买了一本词典 + 那本词典很贵

　　昨天我买的那本词典很贵。

동사나 동사구가 한정어가 될 경우에는, 반드시 "的"를 써야 한다.

④ 来的人是谁？

⑤ 昨天来的人是谁？

⑥ 昨天从上海来北京看你的那个人是谁？

⑦ 你昨天送给我的那本书很有意思。

⑧ 他们商店卖的衣服都是名牌。

1. 아래의 두 구를 하나로 합쳐봅시다.

l 他说话 + 话很清楚

　→ _______________________________。

2 今天放电影 + 电影很有意思

　→ _______________________________。

3 我今天下午要去见一个人 + 那个人是一位著名教授

　→ _______________________________。

4 昨天上午学生去上课 + 学生不多

    → ____。

5 我弟弟在香港 + 我弟弟明天来看我

    → ____。

2. 첫번째 문제를 참고하여 동사를 포함한 한정어로 빈칸을 채워봅시다.

1 <u>坐在你旁边的</u> 那个人是谁？

2 ____________ 那个人是谁？

3 ____________ 那个人是谁？

4 ____________ 那个人是谁？

5 ____________ 那个人是谁？

147　"一本我的书"일까，"我的一本书"일까？

这是一本我的汉语书。(×)
那篇他的文章登在报纸上了。(×)

한정어로 쓰일 때, 소유(종속)의 주체가 되는 단어는 항상 맨 앞에 놓
인다.

我这本书

他那篇文章

我的一本汉语书

他(的)那一篇长文章

小王(的)那一篇关于中国经济的长文章

中国最大的一个工业城市

上海最热闹的一条马路

위의 예문을 토대로 다음과 같이 말할 수 있다.

① 这是<u>我的一本汉语书</u>。

② <u>他那篇文章</u>登在报纸上了。

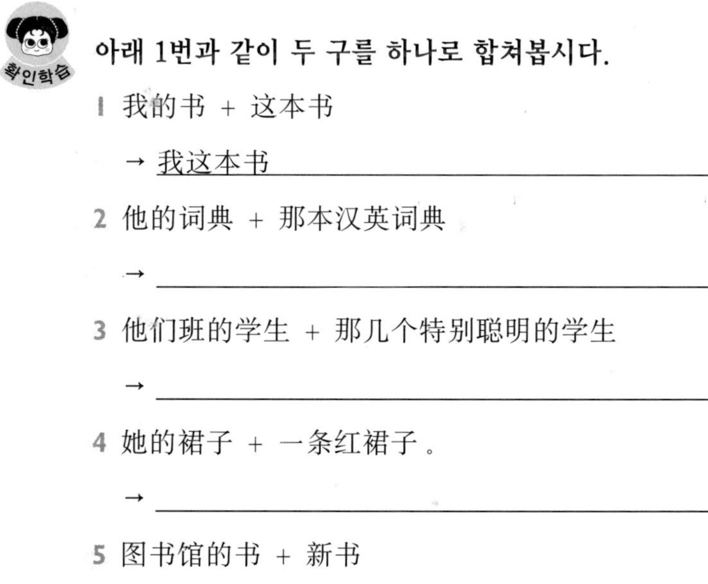

아래 1번과 같이 두 구를 하나로 합쳐봅시다.

1 我的书 + 这本书

　→ <u>我这本书</u>　　　　　　　　　　　　　　　。

2 他的词典 + 那本汉英词典

　→ 　　　　　　　　　　　　　　　　　　　　。

3 他们班的学生 + 那几个特别聪明的学生

　→ 　　　　　　　　　　　　　　　　　　　　。

4 她的裙子 + 一条红裙子。

　→ 　　　　　　　　　　　　　　　　　　　　。

5 图书馆的书 + 新书

　→ 　　　　　　　　　　　　　　　　　　　　。

"小漂亮的房间"일까, "漂亮的小房间"일까?

我有一个小漂亮的房间.(×)

"小"와 "漂亮"은 모두 형용사이다. "小房间"이라고 말할 때는 일반 적으로 "的"를 사용하지 않지만, "漂亮的房间"이라고 말할 때는 "的"가 있어야 한다. 두 한정어를 모두 말할 때는 반드시 "的"가 있 는 한정어가 앞에 오고, "的"가 없는 한정어가 뒤에 와야 한다.

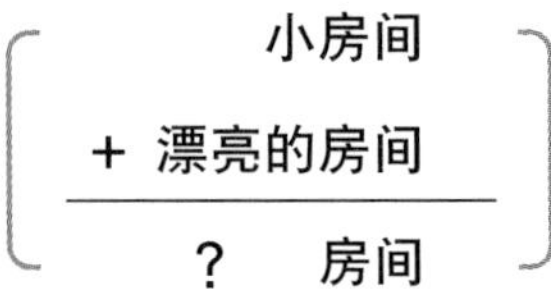

① 房间

小房间

漂亮的小房间

一个漂亮的小房间

我那(一)个漂亮的小房间

② 饼

圆饼

小圆饼

又香又甜的小圆饼

那些又香又甜的小圆饼

食堂里那些又香又甜的小圆饼

아래 1번과 같이 두 구를 하나로 합쳐봅시다.

1 漂亮的房间 ＋ 小房间

→ <u>漂亮的小房间</u>　　　　　　　　　　　　　　　　　。

2 雄伟的山 ＋ 高山 。

→ 　　　　　　　　　　　　　　　　　　　　　　　　。

3 一张报纸 ＋ 旧报纸 ＋ 重要的报纸 。

→ 　　　　　　　　　　　　　　　　　　　　　　　　。

4 我的朋友 ＋ 老朋友 ＋ 那位朋友 ＋ 特别热情的朋友

→ 　　　　　　　　　　　　　　　　　　　　　　　　。

149 "丝绸漂亮的衬衫"일까, "漂亮的丝绸衬衫"일까?

我买了一件丝绸漂亮的衬衫。(×)

"丝绸衬衫"에는 "的"가 없지만, "漂亮的衬衫"에는 "的"가 있다.
"丝绸"와 "漂亮" 두 개의 한정어를 모두 쓸 때는 반드시 "的"가 있는
한정어를 앞에 놓아야 한다.

$$\left.\begin{array}{c} 丝绸衬衫 \\ +\ 漂亮的衬衫 \\ \hline 漂亮的丝绸衬衫 \end{array}\right.$$

① 　　　　　　　　木头房子

小小的木头房子

那一间小小的木头房子

我家旁边那一间小小的木头房子

② 　　　　　　　　工业城市

最大的工业城市

中国最大的工业城市

③ 　　　　　　　　汉语老师

教口语课的汉语老师

很年轻的教口语课的汉语老师

那个很年轻的教口语课的汉语老师

他们学校那个很年轻的教口语课的汉语老师

아래 1번과 같이 여러 구를 하나로 합쳐봅시다.

1 丝绸衬衫 + 漂亮的衬衫

　→ 漂亮的丝绸衬衫　　　　　　　　　　　　　　　。

2 一位司机 + 卡车司机 + 他们厂的司机 + 年轻的司机

　→ ＿＿＿＿＿＿＿＿＿＿＿＿＿＿＿＿＿＿＿＿。

3 山上的小屋 + 木头小屋 + 圆顶的小屋 + 那间小屋

　→ ＿＿＿＿＿＿＿＿＿＿＿＿＿＿＿＿＿＿＿＿。

150

小王师傅와
小王的师傅

“小王师傅”와 “小王的师傅”의 의미는 다르다.

아래 두 예문의 의미를 생각해보자.

    ① 小王师傅技术很高。

    ② 小王的师傅技术很高。

①과 ②는 다르다. ②의 의미는 “小王에게 한 명의 스승이 있는데, 그 스승의 기술이 뛰어나다”는 것이다. ①의 의미는 “小王의 기술이 좋다”는 것으로, 여기서 “小王”과 “师傅”가 같은 사람이다. 우리는 “小王”과 “师傅”를 “同位语(동위어)”라고 부른다.

    ③ 我们老师很忙。(我们是老师，我们很忙)

    ④ 我们的老师很忙。(我们有一位／几位老师，他／他们很忙)

아래의 대화가 어떤 의미인지 생각해보자.

    ⑤ **老师**：你的汉语进步很快。

    学生：那是你这位老师教得好。

“那是你这位老师教得好”의 “你”는 “老师”를 가리킨다. 의미는 ‘선생님이신 당신께서 잘 가르쳐주시는 덕분에 자신의 발전 속도가 빠르다’는 것이다.

151

"我们也当然想休息"일까, "我们当然也想休息"일까?

我们也当然想休息。(×)
他们已经到底来了没有？(×)
他早就也许来过了。(×)

아래의 단어들은 모두 어기를 나타내는 부사이다.

幸亏	难道	竟然	居然	到底	偏偏
明明	简直	反正	大概	也许	当然
究竟					

어기부사는 항상 위어(술어)의 앞부분에 위치한다.

① 我们<u>当然</u>也想休息。

② 他们<u>到底</u>已经来了没有？

③ 他<u>也许</u>早就来过了。

④ 你<u>难道</u>还不知道吗？

⑤ 他<u>竟然</u>会骑车去那么远的地方。

그러나, 어기부사 앞부분에 시간을 표시하는 명사가 쓰일 때도 있다.

⑥ 我们**现在**<u>当然</u>也想休息。

⑦ 他们**昨天**<u>到底</u>来了没有？

그러므로, 이런 형식의 문형은 일반적으로 다음과 같다.

▶ 주어 + 시간명사 + 어기부사 + 상황어 + 동사……

152

"我们就明天不来了"일까, "我们明天就不来了"일까?

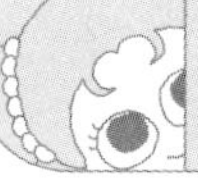

관련을 나타내는 부사는 반드시 주어의 뒤에 놓이며 종종 시간부사의 뒤에 놓이기도 한다.

▶ 주어 + 시간 상황어 + 관련 부사 (就 / 却 / 也 / 还 / ……) + ……

① a : 如果没有事的话，**就**我们明天不来了。(×)

　 b : 如果没有事的话，我们**就**明天不来了。(×)

　 c : 如果没有事的话，我们<u>明天</u>**就**不来了。

여기서 "我们"은 주어이고 "明天"은 시간 상황어이며 "就"는 관련부사이므로 "就"는 반드시 "明天"의 뒤에 놓여야 한다.

② 他一直很准时，可是<u>昨天</u>**却**迟到了。

③ 我们不但现在是朋友，<u>而且以后</u>**也**永远是朋友。

주의할 것은 여기에서의 시간부사는 반드시 명사여야 하며, 만약 부사라면 반드시 관련부사의 뒷부분에 놓아야 한다.

다음을 비교해보자.

④ 他一直很准时，可是<u>昨天</u>**却**迟到了。

⑤ 大家都很准时，可是他**却**<u>常常</u>迟到。

위에서 "昨天"은 명사이므로 "却" 앞에 놓였고, "常常"은 부사이므로 "却" 뒤에 놓였다.

 **괄호 안의 단어를 적당한 자리에 넣어봅시다.**

1 他不但自己努力学习，A平时B热情帮助别人。(还)

2 他不但自己努力学习，A常常B热情帮助别人。(还)

3 他昨天来过，A今天B来了。(又)

4 他昨天来过，A她B昨天C来过。(也)

5 他已经去了，A她B已经C去了。(也)

6 他以前从来不来，A昨天B突然C来了。(却)

153

"也明天去"와
"明天也去"

다음 문장을 비교해보자.

    ① A：我们明天去杭州，你们什么时候去？

       B：我们也**明天去**。

    ② A：我们明天去杭州，你们明天去哪儿？

       B：我们明天也**去杭州**。

①에서는 우리와 상대방이 항주에 가는 시간이 모두 "明天"이라는 것이 화제의 중심이므로, "也"가 "明天"의 앞부분에 놓였다. ②에서는 가는 장소가 같다는 것이 화제의 중심이므로 "也"가 "明天"의 뒤, "去"의 앞에 놓였다.

다시 비교해보자.

    ③ 如果你同意，我们<u>就</u>**明天**去，如果你不同意，我们就后

       天去。

    ④ 如果你同意，我们**明天**<u>就</u>去一次，如果你不同意，我们明

       天就不去了。

154

"才骑车骑了一个小时" 일까, "骑车才骑了一个小时" 일까?

从学校到市中心，我们才骑车骑了一个小时。(×)

① 如果把东西放得很整齐，<u>用起来</u>**就**十分方便。

② 从学校到市中心，我们<u>骑车</u>**才**骑了一个小时。

③ 他唱歌唱得很好，<u>跳舞</u>**也**跳得不错。

④ 他工作很认真，<u>学习</u>**又**非常努力，所以大家选他当班长。

위의 예문에서 "用起来", "骑车", "跳舞", "学习"는 모두 동사, 동사구이고, "就", "才", "也", "又"는 모두 부사이지만, 여기에서의 동사, 동사구는 모두 문장의 중심 화제이기 때문에 부사는 반드시 동사나 동사구 뒤에 놓여야 한다.

괄호 안의 단어를 A, B 중 적당한 곳에 넣어봅시다.

1 这苹果看上去不错，A吃起来B不怎么样。(却)

2 他A来中国B两年了。(已经)

3 他们A起床B起得很早。(都)

4 他不但对别人很严格，A对自己B很严格。(也)

都也 일까, 也都 일까?

我们都去了，他们都也去了。(×)
我们都没去，他们都也没去。(×)

"也"는 반드시 "都", "不", "没"의 앞부분에 놓여야 한다.

$$\begin{bmatrix} 都 \\ 也 + 不 + \cdots\cdots \\ 没 \end{bmatrix}$$

① 我们都去了，他们<u>也都</u>去了。

② 我们没去，他们<u>也没</u>去。

③ 我们明天不上课，他们明天<u>也不</u>上课。

그러나, 아래 문장 중의 "不"는 "也"의 앞에 놓인다.

④ A：他已经学了一年汉语了，所以汉语说得很好。

  B：<u>你不也学了一年了</u>，为什么还说不好？

④와 ①, ②, ③은 다르다. ④의 "你不也学了一年了"는 "你不是也学了一年了吗?"(你也学了一年了。)의 의미로 반어의문문이기 때문이다.

156

没都来와 都没来

"没都来"는 '어떤 이는 오고, 어떤 이는 오지 않았다' 는 의미이며,
"都没来"는 '모두 오지 않았다', 즉 한 명도 오지 않았다는 의미다.

① 学生们只来了三四个, <u>没都</u>来上课。

② 学生们全在宿舍里, <u>都没来</u>上课。

③과 ④, ⑤, ⑥을 비교해보자.

③ 我跟他都喜欢体育运动, <u>但不完全</u>一样, 他喜欢踢足球,
我喜欢打篮球。

④ 我跟他<u>完全</u>不一样, 他喜欢抽烟, 我最讨厌抽烟。

⑤ 这次你的考试成绩只有七十多分, <u>不太</u>好。(不很好)

⑥ 这次你的考试成绩只有四十多分, <u>很不</u>好。

"已经昨天来过了"일까, "昨天已经来过了"일까?

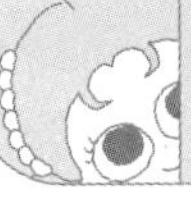

他已经昨天来过了.(×)

동사의 앞부분에 시간을 표시하는 상황어 몇 개가 동시에 놓일 때, 이들의 순서는 다음과 같다.

[시간명사 + 시간 개사구 + 시간부사]

① 他昨天 已经来过了。

② 他昨天 从早上六点钟开始就 等在那儿了。

③ 他以前 常常来。

④ 他星期天晚上 从六点钟到八点钟 常常在宿舍拉小提琴。

158

"很好地唱" 일까, "唱得很好" 일까?

보어의 종류는 아주 많은데, 그 가운데 정태보어가 있다.

> 동사 / 형용사 + 得 + 정태보어
>
> 화제　　　　　　　진술

이때, 동사나 형용사가 화제의 중심이라면, 정태보어는 화제에 대한 진술이 된다.

의미에 따라서 정태보어를 세 가지로 나눌 수 있다.

첫째, 평가를 나타내는 보어

① 他刚才唱了一个歌，唱得<u>很好</u>。

② 他骑自行车总是骑得<u>很快</u>。

③ 你汉语说得<u>不错</u>。

둘째, 결과를 나타내는 보어

④ 他把那几件衣服洗得<u>干干净净</u>。

⑤ 他气得<u>哭了</u>。

⑥ 我们吃得<u>满意极了</u>。

셋째, 정도를 나타내는 보어

⑦ 他高兴得<u>不知道说什么好</u>。

⑧ 房间里暗得<u>什么也看不见</u>。

위의 예문에서 '평가', '결과', '정도'를 표시하는 단어들은 모두 보어로만 쓰일 뿐, 상황어로는 쓰일 수 없다.

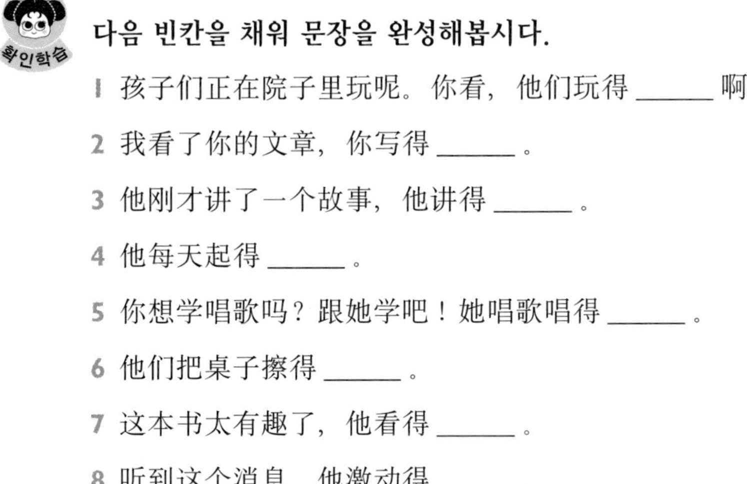

다음 빈칸을 채워 문장을 완성해봅시다.

1 孩子们正在院子里玩呢。你看，他们玩得 ＿＿＿＿ 啊！

2 我看了你的文章，你写得 ＿＿＿＿ 。

3 他刚才讲了一个故事，他讲得 ＿＿＿＿ 。

4 他每天起得 ＿＿＿＿ 。

5 你想学唱歌吗？跟她学吧！她唱歌唱得 ＿＿＿＿ 。

6 他们把桌子擦得 ＿＿＿＿ 。

7 这本书太有趣了，他看得 ＿＿＿＿ 。

8 听到这个消息，他激动得 ＿＿＿＿ 。

9 她已经十六岁，长(zhǎng)得 ＿＿＿＿ 。

159

"说汉语得很好"는
왜 틀린 문장일까?

他说汉语得很好。(×)
他睡觉得很晚。(×)

"他说汉语得很好"는 틀린 문장으로, 다음과 같이 고쳐 말해야 한다.

① 他说汉语说得很好。

왜냐하면 "说汉语"는 '동사 + 목적어'의 구조이기 때문이다. "得"는 반드시 동사의 뒤에 놓여야지 목적어의 뒤에 놓일 수는 없다. 또한 동사와 "得" 사이에 다른 단어가 올 수도 없다. 따라서 동사를 두 번 반복해야만 한다.

▶ 동사 + 목적어 + 동사 + 得 + 보어

② 他骑自行车骑得很快。

③ 他介绍他的家庭介绍得很简单。

그러나 이 경우 말이 너무 복잡해지므로 목적어를 앞에 놓고 동사를 한 번만 쓰기도 한다.

④ 汉语他说得很好。

⑤ 他汉语说得很好。

때로는 목적어를 쓰지 않고 '동사 + 得 + 보어'만을 쓰기도 한다.

⑥ 他每天骑自行车上班，骑得很快。

⑦ 他给我们介绍了他的家庭，介绍得很简单。

⑧ 他会说汉语，说得很好。

위 예문은 모두 두 개의 절로 되어 있는데, 첫 문장은 "干什么(무엇을 하는가)"를 말해주고, 두번째 절은 "怎么样(어떠한가)" 말해주므로, 뜻이 아주 정확하고 간결하다.

아래 1번을 참고하여 문장을 만들어봅시다.

1 写汉字　　　认真

→<u>他写汉字写得很认真</u>　　　　　　　　　　　。

2 开汽车　　　很快

→ 　　　　　　　　　　　　　　　　　　　　　。

3 讲故事　　　很流利

→ 　　　　　　　　　　　　　　　　　　　　　。

4 打扫房间　　很干净

→ 　　　　　　　　　　　　　　　　　　　　　。

5 吃饭　很多

→ 　　　　　　　　　　　　　　　　　　　　　。

6 起床　很早。

→ 　　　　　　　　　　　　　　　　　　　　　。

7 睡觉　很晚

→ 　　　　　　　　　　　　　　　　　　　　　。

8 跳舞　很优美

→ 　　　　　　　　　　　　　　　　　　　　　。

9 考试　很不错

→ 　　　　　　　　　　　　　　　　　　　　　。

10 跑步　很快

→ 　　　　　　　　　　　　　　　　　　　　　。

160

"请写得很大"일까, "请写得大一点儿"일까?

黑板上的字太小，请你写得很大。(×)

"写得很大"，"写得大一点儿"，"写得大了一点儿"의 세 가지 표현
방법은 서로 다르다.
아래의 A, B, C, D를 비교해보자.

A. [동사 得很 부사]

① 他在黑板上写了一个字，字写得很大。

② 他昨天理了个发，前面的头发理得很短。

③ 他把电视机放得离床很远。

B. [동사 得 부사 一点儿 / 一些]

① 黑板上的字太小，我看不清，请你写得大一点儿。

② 师傅，前面的头发能不能理得短一些？

③ 把电视机放得离床远一点儿，好吗？

C. [동사 得很 부사 了一点儿]

① 你的字写得小了一点儿，我看不清。

② 哎呀，前面的头发理得短了一点儿，有点儿难看。

③ 电视机放得离床近了一点儿，这样对眼睛不好。

D. **[동사 得很 부사 了一点儿]**

① 刚才字写得太小了，现在写得大了一点儿。

② 上一次前面的头发理得太长，这一次理得短了一点儿。

③ 他们把房间重新布置了一下，现在电视机放得离床远了
一点儿。

A는 "동사 得很 부사"를 사용해서 '어떻게(怎么样)'를 묘사한다. 이 문장의 동작은 이미 발생한 것이다. '글자'는 이미 썼고, '머리'는 이미 깎았고, '텔레비전'은 이미 놓은 것이다. '어떻게 썼는지?', '어떻게 깎았는지?', '어떻게 놓았는지?'를 밝히려면, "동사 得很 부사"를 써야 한다.

B는 "동사 得 부사 一点儿"을 사용해서 희망, 요구, 명령 등을 나타낸다. 글자가 조금 크기를 바라고, 앞머리가 조금 짧기를 바라고, 텔레비전이 침대에서 조금 멀리 있기를 바라는 것이다. 여기서는 "동사 得 부사 一点儿"을 써야만 한다.

C는 "동사 得 부사 了一点儿"을 사용해서 불만을 표현하였다. "写得小了一点儿"은 "写得太小了", "理得短了一点儿"은 "理得太短了", "放得近了一点儿"은 "放得太近了"의 뜻으로 모두 좋지 않음을 표현한 것이다.

D도 C처럼 "동사 得 부사 了一点儿"의 형식이나, 여기에는 변화의 의미가 담겨 있다. 좀 전의 글자는 작았으나, 지금은 크다. 지난번에는 길게 이발했으나, 이번에는 짧게 이발했다. 이전에는 침대에 가까이 있었는데, 지금은 멀리 있다. 이것은 모두 변화를 나타내므로 "동사 得 부사 一点儿了" 형식으로도 말할 수 있다.

现在写得大一点儿了 / 这一次理得短一点儿了……。

A, B 중 적합한 단어를 골라 빈칸을 채워봅시다.

1 老师，请你说得 ______ 。

　A 很慢　　　　　B 慢一点儿

2 老师看了我写的文章，觉得我写得 ______ 。

　A 短一点儿　　　B 短了一点儿

3 我让司机开得 ______ ，可是他还是开得 ______ 。

　A 很快　　　　　B 快一点儿

　A 很慢　　　　　B 慢一点儿

4 这课本太容易了，有没有 ______ 的？

　A 难一点儿　　　B 难了一点儿

5 这课文 ______ ，我看不懂。

　A 难一点儿　　　B 难了一点儿

"早一点儿来"와 "多吃一点儿"과 "说得慢一点儿"

明天你来得早一点儿。(×)
你要吃多一点儿水果。(×)
请你慢一点儿说。(×)

"请你……"는 명령문이다.

早 / 晚 +(一)点儿	多 / 少 + 동사 + (一点儿……)	동사 得 부사 一点儿
早(一)点儿来	多吃(一)点儿	说得慢一点儿
晚(一)点儿去	少喝(一)点儿酒	开得快一点儿
早(一)点儿出发	多说汉语	写得大一点儿

명령문에는 세 가지 양식이 있다. "早"나 "晚"을 사용하는 것, "多"나 "少"를 사용하는 것, 그 밖의 형용사를 사용하는 것 등이 있다.

A ① 明天请你早一点儿来，别迟到了。

② 有一位同学还没到，能不能晚一点儿开车？

B ③ 你别客气，多吃点儿啊！

④ 少喝点儿吧，别喝醉了。

⑤ 你要多说汉语，别老说英语。

C ⑥ 请你说得慢一点儿。

⑦ 师傅，你能不能开得快一点儿，我有急事。

"看清楚"와 "看得清楚"와 "看得很清楚"

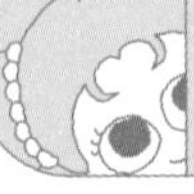 결과보어, 가능보어, 정태보어. 이 세 가지 보어는 구별해서 사용해야 한다.

아래의 예문을 살펴보자.

① 大家都<u>看清楚了</u>吗？如果还<u>没看清楚</u>，可以再看一看。

② 你眼睛好，一定<u>看得清楚</u>，我眼睛不好，恐怕<u>看不清楚</u>。

③ 刚才那个字写得很小，<u>我看得不大清楚</u>；现在这个字写得比较大，<u>我看得很清楚</u>。

①의 "看清楚"는 [동사 + 결과보어]

②의 "看得(不)清楚"는 [동사 + 得(不) + 가능보어]

③의 "看得……清楚"는 [동사 + 得 + 정태보어]이다.

이 세 가지 형식의 의미와 용법상의 다른 점을 살펴보자.

첫째, 부정 방식이 다르다.

결과보어 : 看清楚了 —— 没看清楚

가능보어 : 看得清楚 —— 看不清楚

정태보어 : 看得很清楚 —— 看得不清楚

둘째, 강세가 다르다.

가능보어는 강세가 "看"에 있다 : **看**得清楚 / **看**不清楚

정태보어는 강세가 "得" 뒤에 있다 : 看得**很清楚** / 看得**不清楚**

셋째, 표현의 의미가 다르다.

결과보어는 동작의 결과를 나타낸다 : 看清楚了 / 没看清楚

가능보어는 '가능성의 여부(能还是不能)'를 나타낸다 : 看得清楚 / 看不清楚

정태보어는 동작의 결과, 정도를 기술한다 : 看得很清楚 / 看得不清楚

넷째, 보어의 길이가 다르다.

결과보어 "看清楚了"나 "没看清楚"의 보어는 오직 "清楚" 하나뿐이다. "看非常清楚了"나 "没看非常清楚……"라고 말할 수는 없다.
가능보어 "看得清楚"와 "看不清楚"의 보어도 오직 "清楚"만 쓸 수 있다. 하지만 정태보어의 보어는 한 단어만이 아니어도 되며, 일반적으로 비교적 길고 복잡하다.

    看得很清楚   看得非常清楚   看得清清楚楚

    看得比任何人都清楚……

다섯째, 묻는 방식이 다르다.

결과보어 : 看清楚了吗 / 看清楚了没有 / 看没看清楚

가능보어 : 看得清楚吗 / 看得清楚看不清楚

정태보어 : 看得清楚吗 / 看得清楚不清楚

A, B 중 적당한 단어를 선택하여 빈칸을 채워봅시다.

1 在这儿 ______ 汉法词典吗？

  A 买到　　B 买得到

2 听说你昨天去买汉法词典，______ 了吗？

  A 买到　　B 买得到

3 我们还没 ______ 饱。

  A 吃　　B 吃得

4 这顿饭我们 ______ 不太饱。

  A 吃　　B 吃得

5 只有这么一点东西，怎么 ______ 饱呢？

  A 吃　　B 吃得

6 他把衣服都 ______ 干净了。

  A 洗　　B 洗得

7 他把衣服都 ______ 干干净净。

  A 洗　　B 洗得

8 这件衣服太脏了，我实在 ______ 不干净。

  A 洗　　B 洗得

"不能听懂"일까, "听不懂"일까?

你讲得太快，我不能听懂。(×)

가능보어는 다음과 같이 쓰인다.

$$동사 + \begin{bmatrix} 得 \\ 不 \end{bmatrix} + 주어$$

이것은 '가능한지 아닌지'의 의미를 나타낸다. 예를 들어 "听得懂"은 바로 "能听懂(알아들을 수 있다)"이라는 의미이다. "听得懂"이라고 할 수도 있고 "能听懂"이라고 할 수도 있으며 "能听得懂"이라고도 할 수 있다.

① 我的话你能听懂吗？/ 我的话你听得懂吗？/ 我的话你能听得懂吗？

② 你的话我都能听懂。/ 你的话我都听得懂。/ 你的话我都能听得懂。

그러나, 가능보어를 부정할 때는 "听不懂"이라고 해야지 "不能听懂"이라고 할 수는 없다.

③ 你讲得太快，我听不懂。(我不能听懂。(×))

④ A：这本书三天能看完吗？/ 看得完吗？

　　B：三天看不完。(不能看完(×))

不能睡觉 와 睡不着

老师 : 大西，你身体不舒服吗？

大西 : 不。我想睡觉。昨天晚上我不能睡觉。

老师 : 怎么，昨天晚上你没睡觉？

大西 : 不，我睡觉了。可是天气太热，有蚊子。有些同学不睡觉，他们听音乐、唱歌，所以我不可以睡觉。

老师 : 哦，你没睡好。你应该说"睡不着。"

위의 대화 중에서 "不能睡觉"와 "睡不着"에는 어떤 차이가 있는지 이해하려면 먼저 "睡觉"와 "睡着"의 차이점을 알아야 한다. "睡觉"는 잠을 자는 동작이고 "睡着"는 잠이 든 상태를 가리킨다. "着"는 수면을 취한 결과가 있음을 나타낸다. "睡觉"는 2가지의 결과를 가질 수 있는데, 바로 "睡着了(잠이 들었다)" 혹은 "没睡着(잠이 들지 않았다)"이다. "入睡(잠이 든)"의 결과가 출현할 수 있는지 없는지를 보통 "睡得着" 혹은 "睡不着"라고 말한다. 반면에 "不能睡觉"는 시간이 없어서, 장소가 없어서, 혹은 잠잘 시설이 없어서 등과 같이 어떤 원인에 의해서 "睡觉(잠이 들다)"라는 동작을 할 수 없는 상태를 말하며, 따라서 그 결과가 출현할 수 없다.

또한 잘 수는 있으나 어떤 원인 즉, 몸이 좋지 않아서, 너무 시끄러워서, 날씨가 너무 뜨거워서 등의 원인에 의해 잠들 수 없어 침대에서 이리저리 뒤척이는 것을 "睡不着"라고 말한다. "동사 + 得 / 不 + 着"는 중국어 가능보어의 구성 방식으로 목적 혹은 결과에 도달할 수 있는지 없는지를 나타낸다. 또한 "猜得着"，"猜不着"，"找得着"，

"找不着", "打得着", "打不着", "火点得着", "点不着"라고 말할
수 있다.

买得到 와 买得起

"买得到"와 "买得起"의 의미는 다르다.

다음 문장을 비교해보자.

① 我家乡买不到这么好的皮大衣，所以我要买一件带回家
去。

② 皮大衣太贵了，我买不起，所以我没买。

만약 상점에 물건이 있다면 "买得到"이고, 만약 상점에 물건이 없다
면 "买不到"이다. 만약 돈이 충분하다면, "买得起"이고, 만약 돈이
부족하다면 "买不起"이다.

이 밖에도 그리고 많은 "동사 + 得 / 不到"와 "동사 + 得 / 不起"가
없으면 이와 같이 구별한다.

到와 起를 써서 빈칸을 채워봅시다.

1 在他们那儿，一年四季都是冰天雪地，哪里吃得＿＿＿这么
  新鲜的水果！

2 这种进口水果价钱很贵，以前是吃不＿＿＿的，不过，现在
  工资高了，吃得＿＿＿了。

3 在这样的宾馆里住一夜，得用掉我一个月的工资，我怎么住
  得＿＿＿啊！

4 这本词典太小了，有些不太常用的词在这本词典里查不＿＿＿。

166

不能进去와 进不去

"不能进去"와 "进不去"의 의미는 다르다.

다음 문장을 비교해보자.

    ① 门锁着，我没钥匙，进不去。

    ② 对不起，你没票，不能进去。

①은 '들어갈 방법이 없다'는 의미이다. 이때는 반드시 "进不去"라
고 말해야 하며, "不能进去"라고는 말할 수는 없다. ②는 '들어갈

수 없다'는 의미이며, 이때는 반드시 "不能进去"라고 해야지, "进不去"라고 해서는 안 된다.

   ③ 黑板上的字写得太重了，擦不掉。

   ④ 黑板上的字下节课还要用，不能擦掉。

A, B 중 적당한 단어를 골라 빈칸을 채워봅시다.

1 学校规定：图书馆的杂志 ＿＿＿＿ 。

   A 不能拿出去　　B 拿不出去

2 你放心，门口有人检查，所以这些杂志是肯定 ＿＿＿＿ 的。

   A 不能拿出去　B 拿不出去

3 生词实在太多了，我 ＿＿＿＿ 啊！

   A 不能记住　　B 记不住

4 这是秘密，你可千万 ＿＿＿＿ 啊！

   A 不能说出去　　B 说不出去

5 你快躺下吧，你身体还没好，＿＿＿＿ 。

   A 不能起来　　B 起不来

6 晚上睡得太晚，早上 ＿＿＿＿ 。

   A 不能起来　　B 起不来

167

"看了半天书"와 "等了他半天"

我看了书半天. (×)
我等了半天他. (×)

다음 문장을 보고 생각해보자.

① 我看书 + 我看了半天 → ?

② 我等他 + 我等了半天 → ?

위의 두 가지 문제를 풀기 이전에 먼저 아래 두 문장을 비교해보자.

A 동사 + 시량(동량)보어 + 목적어			B 동사 + 목적어 + 시량(동량)보어		
看了	半天	书	等了	他	半天
上	三个小时	课	等	他	一下
等了	半个小时	汽车	见过	他	两次
吃过	两次	饭	去过	那儿	两次

우리는 A에서 목적어인 "书", "课", "汽车", "饭"이 모두 명사이며, 이때 보어는 앞에, 목적어는 뒤에 위치함을 알 수 있다.

▶ 동사 + 시량(동량)보어 + 목적어(명사)

B에서 목적어인 "他", "那儿"은 대명사이며, 이때 보어는 뒤에, 목적어는 앞부분에 위치한다.

▶ 동사 + 목적어(대명사) + 시량(동량)보어

그러나 만약 목적어가 지명이나 인명일 때는 보어의 앞부분이나 뒷부분 어디에나 놓일 수 있다.

③ 你等一会儿老王吧。／你等老王一会儿吧。

④ 我去过两次北京。／我去过北京两次。

괄호 안의 단어를 A, B, C 중 적당한 위치에 넣어봅시다.

1 我们每天A上B班C。(八小时)

2 请你A等B我C。(一下)

3 我在和平饭店A吃过B饭C。(三次)

4 你看了A电视B了C。(半天)

5 你A去过B那儿C？(几次)

6 我A学过B汉语C。(两年)

7 他A看了B我C。(一下)

168

"来中国两个月了"와 "看了两个小时电视了"

来中国来了两个月了。(×)
看电视两个小时了。(×)

아래의 문장을 살펴 보자.

A	B
Aa 看电视两个小时了。(×)	Ba 来中国两个月了。
Ab 看电视看了两个小时了。	Bb 来中国来了两个月了。(×)
Ac 看了两个小时电视了。	Bc 来了两个月中国了。(×)

Aa는 틀린 문장이고, Ab와 Ac는 바른 문장이다. Ba는 바른 문장이고, Bb와 Bc는 틀린 문장이다. 왜 그럴까? A와 B는 성질이 다른 문장이기 때문이다. A의 "看"은 지속적인 행위가 될 수 있지만, B의 "来"는 지속적인 행위가 될 수 없다.

A의 의미는 '두 시간 동안 내내 텔레비전만을 보았다' 는 것이다.

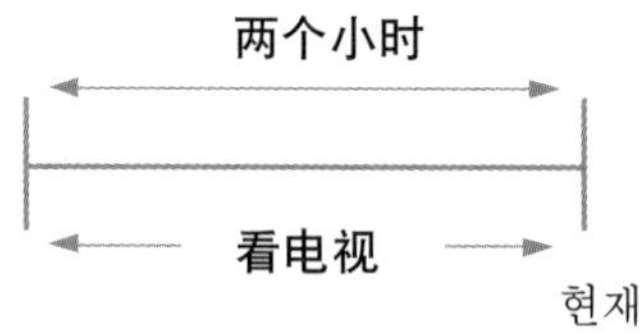

이때, Ab 혹은 Ac라고 말한다. Ab = Ac

B의 의미는 '중국에 와서 현재까지 이미 두 달이 지났다' 는 것이다.

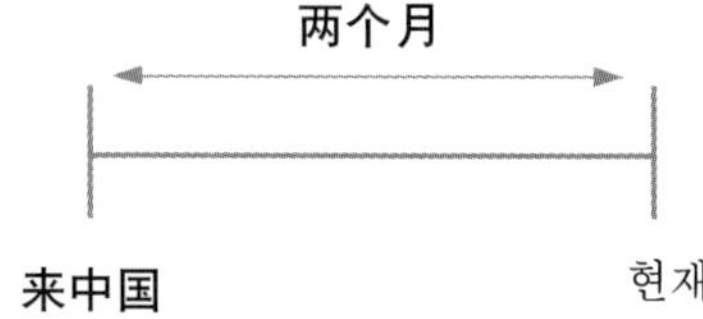

이때는 Ba, 즉 "来中国两个月了" 라고 말한다.

다음 예문을 보자.

A ① 我学汉语学了三年了。/ 我学了三年汉语了。

　② 他睡觉睡了十个小时。/ 他睡了十个小时觉。

　③ 我等你等了半天。/ 我等了你半天。

B ④ 他们结婚三年了。

　⑤ 他回国三天了。

　⑥ 我参加工作已经十年了。

1, 2를 참고해서 3~7의 문장을 완성해봅시다.

1 我等公共汽车 + 半个小时 → 我等公共汽车等了半个小时了。

2 他离开中国 + 半年 → 他离开中国半年了。

3 他去日本 + 三年

→ ____。

4 他教汉语 + 三年

→ ____。

5 他起床 + 一个小时

→ ____。

6 他学开车 + 三个月

→ ____。

7 他学会开车 + 三个月

→ ____。

"回去英国"일까, "回英国去"일까?

我下个星期要回去英国。(×)
他走出去教室了。(×)

다음 단어들을 살펴보자.

| 进来 | 出来 | 上来 | 下来 | 过来 | 回来 |
| 进去 | 出去 | 上去 | 下去 | 过去 | 回去 |

만약에 목적어가 장소를 나타내면, 목적어는 "进", "出", "上", "下", "过", "回"와 "来", "去"의 중간에 놓여야 한다.

$$
(\text{동사}) \begin{bmatrix} 进 \\ 出 \\ 上 \\ 下 \\ 过 \\ 回 \end{bmatrix} + \begin{array}{c} 장소 \\ (\text{목적어}) \end{array} + \begin{bmatrix} 来 \\ 来 \\ 去 \end{bmatrix}
$$

① 我下个星期要回去 + 英国 ➡ 我下个星期要回英国去。

② 他走出去了 + 教室 ➡ 他走出教室去了。

③ 他上来了 + 楼 ➡ 他上楼来了。

아래의 조건에 맞춰 작문해봅시다.

1 他回来了 + 家

    → ＿＿＿＿＿＿＿＿＿＿＿＿＿＿＿＿＿＿＿＿＿＿＿。

2 他下去了 + 楼

    → ＿＿＿＿＿＿＿＿＿＿＿＿＿＿＿＿＿＿＿＿＿＿＿。

3 下课以后我要回去 + 宿舍

    → ＿＿＿＿＿＿＿＿＿＿＿＿＿＿＿＿＿＿＿＿＿＿＿。

4 他走过来了 + 马路

    → ＿＿＿＿＿＿＿＿＿＿＿＿＿＿＿＿＿＿＿＿＿＿＿。

5 火车开进来了 + 山里

    → ＿＿＿＿＿＿＿＿＿＿＿＿＿＿＿＿＿＿＿＿＿＿＿。

6 他跑出来接我 + 房间

    → ＿＿＿＿＿＿＿＿＿＿＿＿＿＿＿＿＿＿＿＿＿＿＿。

7 他爬上去摘果子 + 树

    → ＿＿＿＿＿＿＿＿＿＿＿＿＿＿＿＿＿＿＿＿＿＿＿。

8 他把东西放进去 + 包里

    → ＿＿＿＿＿＿＿＿＿＿＿＿＿＿＿＿＿＿＿＿＿＿＿。

170

"他以前住在过香港"은 맞는 문장일까?

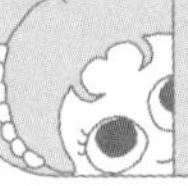 他以前住在过香港。(×)

"在"는 "放在桌上", "站在前边", "住在香港"에서처럼 동사의 뒤에 놓일 수 있다. "过"도 "去过香港", "吃过烤鸭"에서처럼 동사의 뒷부분에 놓일 수 있다. 그러나, "在"는 반드시 동사 바로 뒤에 오며 중간에 다른 단어가 올 수 없다. "过"도 반드시 동사 바로 뒤에 오며 중간에 다른 단어가 올 수 없다. 만약 동사 뒤에 이미 "在"가 쓰인 상태에서 또 "过"를 쓴다면 이들은 각기 자신의 자리를 차지하려 충돌할 것이다. 따라서 다음 문장은 틀린 표현이다.

① 他以前住在过香港。(×)

하지만 다음과 같이 말할 수는 있다.

② 他以前住在香港。

③ 他以前在香港住过。

"住在"의 뒤에는 반드시 목적어가 오며, 이는 어느 곳에 살고 있는지를 나타낸다.

④ 我们俩都住在香港。

목적어가 없다면, "在"를 쓸 필요가 없다.

⑤ 我们俩一起住。

하지만 다음 문장은 틀린 표현이다.

我们俩一起住在。(×)

171

想出来와 想起来

"동사 + 出来"는 사물이 안에서 밖으로, 없는 것에서 있는 것으로, 보지 못하는 것에서 볼 수 있게 되는 것을 나타낸다. 예를 들면 "说出来", "生产出来", "显露出来" 등이다.

"想出来"는 '방법이나 해결 방안 등을 찾았다'는 의미이다.

① 他想了半天，终于想出来一个好主意。

② 孩子已经出生一个星期了，可是叫什么名字还没想出来呢。

③ 这个问题太难了，我一下子想不出来该怎么回答。

"想起来"는 '회고하다, 혹은 생각해내다'라는 뜻이다.

④ 走在路上，他突然想起来一件事。

⑤ 这个人我以前见过，可是他的名字我忘了，实在想不起来了。

⑥ 这个字好像学过，但我一下子想不起来该怎么读。

172 来得及와 来不及, 赶得上과 赶不上

"来得及", "来不及"와 "赶得上", "赶不上"은 모두 시간과 관계된 어구들이다. 시간이 있어 어떤 일을 할 수 있을 경우에는 "来得及" 또는 "赶得上"이라 말하고, 시간이 급박하여 어떤 일을 할 수 없을 경우에는 "来不及" 또는 "赶不上"이라고 말한다.

① 电影八点半开始, 现在走还来得及。

电影八点半开始, 现在走还赶得上。

② 开车时间已经到了, 司机还没来, 恐怕来不及了。

开车时间已经到了, 司机还没来, 恐怕赶不上了。

"来得及"와 "来不及"는 고정된 단어로 중간을 분리할 수 없다. 뒤에는 반드시 동사 복합어가 오며 동사 하나만 오거나 "了"가 올 수도 있다. "来不及"는 "没来得及"라고도 말할 수도 있는데, 이것은 과거형이다.

③ A : 已经七点半了, 来得及来不及吃早饭？(또는 早饭来得及来不及吃)

B : 太晚了, 来不及吃了。(또는 来不及了)

④ 他没来得及吃早饭就去上班了。

"赶得上" 과 "赶不上"은 다음과 같이 가능보어의 구조를 취한다. 동사 "赶 + 得" 혹은 "不 + 上" ("上"은 동사 "赶"의 결과를 보충하는 것이다)으로 이때 동사 "赶"은 시간의 제한을 받거나, "追赶(재촉

하다)”의 의미가 있으며, “赶时间”, “赶车”, “赶路”, “赶任务” 등의 어구를 구성할 수 있다. “赶得上”, “赶不上”은 뒤에 명사 혹은 동사 복합어가 온다. 그러나 동사 하나만 단독으로 쓸 수는 없다.

⑤ A：已经八点钟了，赶得上赶不上(去食堂)吃早饭？

　　(也可以说“去食堂吃早饭赶得上赶不上？”

　　或者“来得及来不及？”)

B：可能食堂已经关门了，赶不上了。(或者“来不及了”)

⑥ 时间太晚了，来不及坐末班车了。

　时间太晚了，赶不上(坐)末班车了。

⑦ 明天我很晚下班，来不及去看那场电影了。

　明天我很晚下班，赶不上那场电影了。

⑧ 你们来得及来不及参加我们的婚礼？

　你们赶得上赶不上我们的婚礼。

⑨ 他还没来得及说一句话就死了。

　他还没赶上说一句话就死了。(×)

⑩ 我来不及向他们道别了。

　我赶不上向他们道别了。(×)

⑪ 今天的作业来得及做完吗？

　今天的作业赶得上做完吗？(×)

⑫ 你们厂的产品质量赶得上赶不上国际水平？

　你们厂的产品质量来得及来不及国际水平？(×)

“赶不上”을 “没赶上”이라고 말하기도 하는데, “没赶上”은 과거를 나타낸다.

⑬ 他没赶上(来不及)过年就走了。

⑭ 他非常伤心，没赶上(来不及)见妈妈最后一面。

来不及, 赶不上, 没来得及 또는 没赶上을 써서 문장을 완성해봅시다.

1 我 ＿＿＿＿ 14次车，所以改乘了另一班车。

2 我 ＿＿＿＿ 坐14次车，所以改乘了另一班车。

3 昨天晚上加班，所以 ＿＿＿＿ 回家吃饭了。

4 没有时间了，这个问题今天 ＿＿＿＿ 讨论了。

5 老师 ＿＿＿＿ 讲完课就响铃了。

6 B₁班的水平 ＿＿＿＿ B₂班。

173 "去工厂开车"와 "开车去工厂"

중국어에는 몇 개의 동사나 동사 복합어(VP, Verb Phrase)의 연용이
가능하다.

$VP_1 + VP_2 + VP_3 + \cdots$:

他 骑自行车　去学校　上课

　　　VP_1　　　VP_2　　VP_3

이러한 문장을 '연동구' 라고 부른다. 연동구에서는 무엇을 먼저 말

하고, 무엇을 나중에 말해야 할까? 몇 개의 VP 중에서 어느 VP가 앞
에 오고, 어느 VP가 뒤에 와야 할까?

첫째, 시간의 전후 순서에 따른다. 예를 들면, "站起来、开门、出
去"를 시간상으로 볼 때, 그 전후의 순서는 다음과 같다.

站起来 → 开门 → 出去

  1   2   3

그래서 반드시 다음과 같이 말해야 한다.

他 站起来 开门 出去。

  VP$_1$ → VP$_2$ → VP$_3$

둘째, VP$_1$은 방식, 즉 '어떻게 하는가'를 나타낸다.

VP$_1$ + VP$_2$

方式

① 他开车去工厂。('차를 몰아' '공장에 간다')

② 他用钢笔写字。

③ 他唱着歌走进来。

셋째, VP$_2$는 '가서 무엇을 하는가'에 해당하는 목적을 나타낸다.

VP$_1$ + VP$_2$

目的

④ 他去工厂开车。(운전을 하기 위해 공장으로 가다)

⑤ 他来中国学汉语。

⑥ 他买一束花儿送朋友。

①과 ④를 비교해보자.

    ① A：他怎么去工厂？

       B：他开车去工厂。(开车: 방식)

    ④ A：他去工厂干什么？

       B：他去工厂开车。(开车:목적)

만약 VP가 3개 있으면, 아마 VP_1은 방법, VP_3는 목적을 나타낼 것이다.

他　骑车　　去电影院　　看电影。

$$VP_1 \rightarrow VP_2 \rightarrow VP_3$$

방법　　목적

아래의 단어를 바르게 배열하여 하나의 문장을 완성해봅시다.

1 他　买菜　站起来　出去

2 他　送给女朋友　买一束鲜花　去花店

3 我们　下午　参观工厂　去　坐汽车

4 他　要　去小卖部　买瓶啤酒　喝

5 他　走进教室　拿着一本书

6 (公园里可以骑马)　这小孩子　想　去公园　骑马

7 (那儿没有汽车, 大家都骑马)　这小孩子　每天　去学校　骑马　上课

174

"我不去南京路买东西"

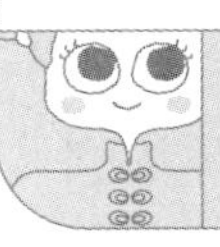 我去南京路不买东西。(×)

"我不去南京路买东西"라는 문장만으로는 그가 남경로에 갔는지 가지 않았는지를 알 수 없다.

다음 문장을 비교해보자.

　　① a : 我不去南京路买东西，我去北京路买东西。

　　　b : 我不去南京路买东西，我去南京路看电影。

① a에서 '그는 남경로에 가지 않았고' ① b에서 '그는 남경로에 갔다'.

　　① a : 我　不　去南京路　买东西

　　　b : 我　不　去南京路　买东西

마찬가지로 "我没去他家喝酒"도 두 가지 의미를 가진다.

　　② a : 我　没　去他家　喝酒，(我去饭店喝酒了。)

　　　b : 我　没　去他家　喝酒，(我只去他家吃了一顿饭。)

비록 b의 의미라 할지라도 다음과 같이 말할 수는 없다.

 ① b´ 我去南京路不买东西。(×)

 ② b´ 我去他家没喝酒。(×)

상황에 따라 다음과 같이 말할 수도 있다.

 ① b″ 我不去买东西。

 ② b″ 我没去喝酒。

또는 두 개의 짧은 문장으로 나눌 수도 있다.

 ① b‴ 我明天去南京路，可是我不去买东西。

 ② b‴ 我昨天去了他家，可是我没喝酒。

 **아래의 문장을 부정문으로 바꿔봅시다.**

1 我们明天去西安旅行。

 →不,______________________________________。

2 我们坐汽车去参观一个工厂。

 →不,______________________________________。

3 我昨天去商店买了一件毛衣。

 →不,______________________________________。

4 我去西安旅行过。

 →不,______________________________________。

300

"老师叫小王进去"

老师问小王进去。(×)

영어에 "ask somebody to do something"이라는 말이 있다.

예를 들면, "The teacher asked Xiao Wang to go in"이다. 중국어에서는 다음과 같이 말할 수 있다.

$$
老师\ \begin{bmatrix} 请 \\ 叫 \\ 让 \\ 要 \end{bmatrix}\ 小王\ \ 进去
$$

여기서 "请", "叫", "让", "要" 등 몇 개의 단어는 의미가 비슷하다. (물론 완전히 같지는 않다) 그러나 "问"이라는 단어를 사용해서 말할 수는 없으며 이는 영어와 다르다. 중국에서는 이러한 문장을 '겸어구(兼语句)' 라고 한다.

① 我**请**我朋友在美国给我买一本英文语法书。

② 医生**让**他好好儿休息两天。

③ 公司**派**我来中国工作。

④ 孩子不想吃饭时不要**逼**孩子吃。

把자 구문이 갖는 의미

대부분의 "把"자 구문은 어떤 행위나 동작에 의해 사물에 변화가 발생하였거나, 어떤 영향으로 인해 모종의 결과가 나타났음을 말할 때 쓰인다.

개사 "把"자가 들어가는 문장을 "把"자 구문이라고 한다. 대부분의 "把"자 구문은 고정된 사물에 어떤 행위나 동작으로 인해 변화가 발생하거나 어떤 영향에 따른 사물의 결과를 나타낸다.

① 他们把狗打死了。

고정된 사물 : 狗 행위(行为) : 打 결과(结果) : 死了

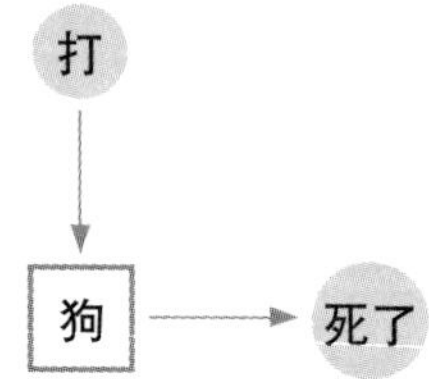

② 他把书从包里拿出来。

고정된 사물 : 书 행위(行为) : 拿 결과(结果) : 出来

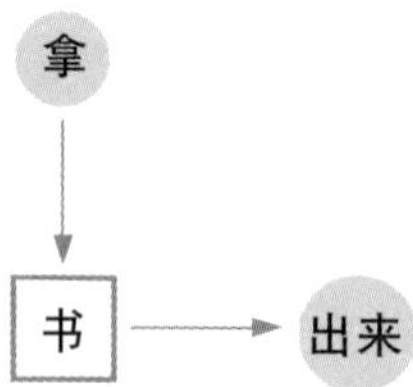

③ 他把衣服洗得干干净净。

고정된 사물 : 衣服　행위(行为) : 洗　결과(结果) : 干干净净

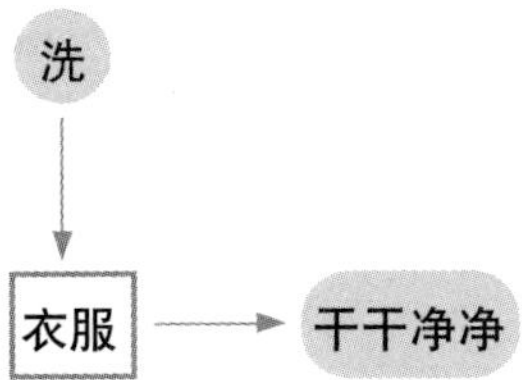

아래의 그림을 근거로 **把**자 구문을 만들어봅시다.

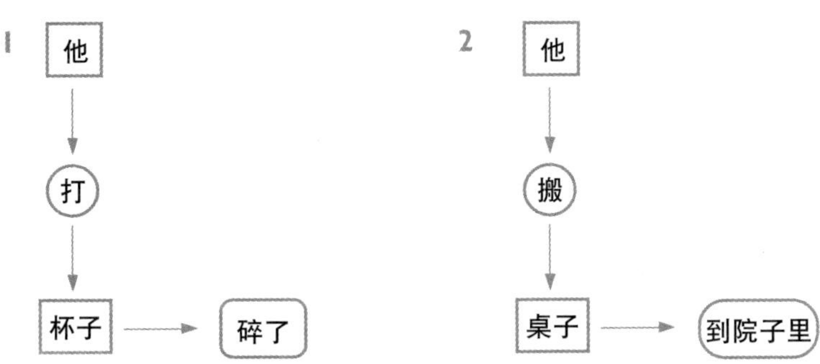

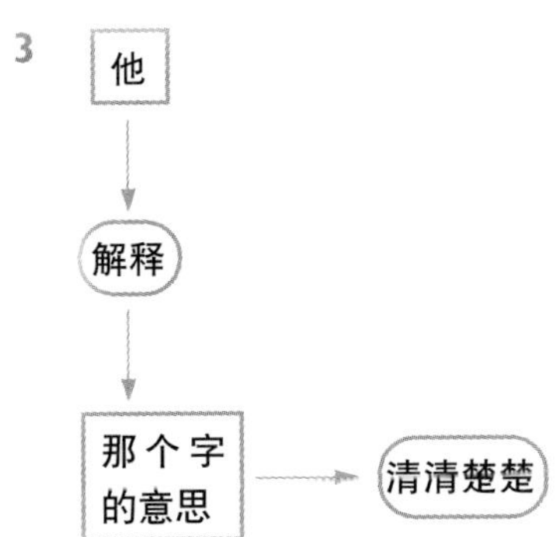

303

 把자 구문의 사용 이유

아래의 세 예문을 비교해보면, 왜 "把"자 구문을 사용해야 하는지 설명할 수 있다.

다음 문장을 비교해보자.

    ① 他买到了那本书。

    ② 那本书(他)买到了。

    ③ 他把那本书买到了。

위의 세 예문의 중점은 모두 다르다. 우리는 보통 이미 알고 있는 사실은 먼저 말하고, 새로운 소식이나 강조할 내용은 문장의 뒤에 놓는다. 그래서 ②, ③과 ①의 차이는 ②와 ③이 모두 결과인 "买到了"를 강조했다는 점에 있다. 그러나 ②와 ③도 다른 점이 있다.

②는 "那本书"가 어떤가를 설명하는 것이다.

    ④ A : 那本书他还想借吗？

        B : 不，那本书他已经买到了，不用借了。

③은 "他"가 어떤가를 설명하는 것이다.

    ⑤ A : 他怎么那么高兴？

        B : 是啊，他终于把那本书买到了，当然高兴了。

만약 하나의 동사에 목적어도 있고 보어도 있으면 어떻게 말해야 할까? 예를 들면, '놓다(放), 그 책(那书), 탁자 위에(在桌子上)' 의 조건이 주어졌을 때, 다음과 같이 말할 수는 없다.

    ⑥ 他放那本书在桌子上。(×)

⑦ 他放在桌子上那本书。(×)

목적어와 보어를 모두 동사의 뒤에 놓을 수는 없으므로 목적어를 앞
으로 가져가야 하는 것이다.
⑧ 那本书(他)放在桌子上。
⑨ 他把那本书放在桌子上。

그러나 ⑧과 ⑨도 역시 다른 점이 있다. ⑧은 "那本书"가 어떤가를
말하려는 것이고 ⑨는 "他"가 어떤가를 말하려는 것이다.
⑩ A：那本书在哪儿？
　　B：那本书(他)放在桌子上，你没看见吗？
⑪ 他在书店买了一本书，一回家, 就把那本书放在桌子上。

동사가 목적어와 보어를 모두 가지고 있는 경우에는 동사를 중첩할
수 있다.
⑫ 他说话说得很快。

그러나 "把"자 구문은 다르다.
다음 문장을 살펴보자.
⑬ 他把那句话说得特别快。

⑫에서 "话"는 불확실하지만, 만약 확실한 어떤 말이라면 "把"자 구
문을 사용하는 것이 좋다.

"我把汽车吓了一跳" 일까, "汽车把我吓了一跳" 일까?

我把汽车吓了一跳。(×)
我把这个电影感动得哭了。(×)
我把那几张漂亮的照片吸引住了。(×)

만약 길가에 서서 무언가를 생각하고 있을 때 갑자기 옆에서 차가 돌진해 와서 놀랐을 경우에는 "汽车把我吓了一跳"라고 해야 할까, "我把汽车吓了一跳"라고 할까?

① 汽车把我吓了一跳。

汽车 → 吓 → 我이지, 我 → 吓 → 汽车가 아니기 때문에 ①과 같이 말하는 것이 좋다.

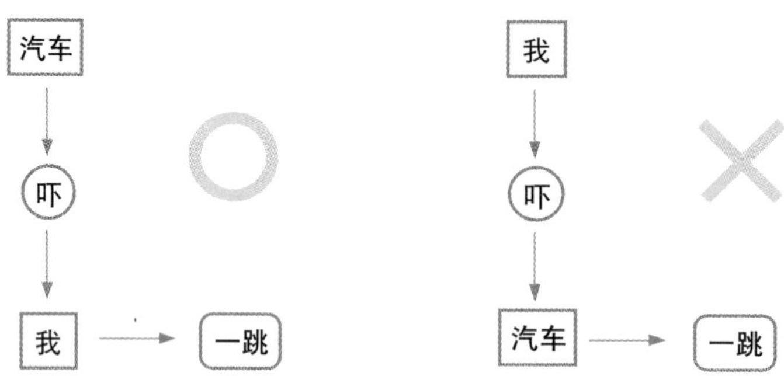

다른 두 문장도 마찬가지다.

    ② 电影→感动→我（○）   我→感动→电影（×）

    ③ 照片→吸引→我（○）   我→吸引→照片（×）

따라서 다음과 같이 말해야 한다.

    ② 这个电影把我感动得哭了。

    ③ 那几张漂亮的照片把我吸引住了。

179 "他把杯子坏了"는 맞는 문장일까?

他把杯子坏了。(×)
我们把他进医院。(×)
我把文章懂了。(×)

"把"자 구문은 어떤 행위나 동작에 의해 사물에 변화가 발생하거나, 어떤 영향에 따른 사물의 결과를 나타낸다. 따라서 "把"자 구문에는 반드시 하나의 어떤 행위나 동작이 있어야 한다.

    ① 他把杯子坏了。(×)

①에는 오직 결과 "坏了"만 있을 뿐, '행위'나 '동작'이 없다.

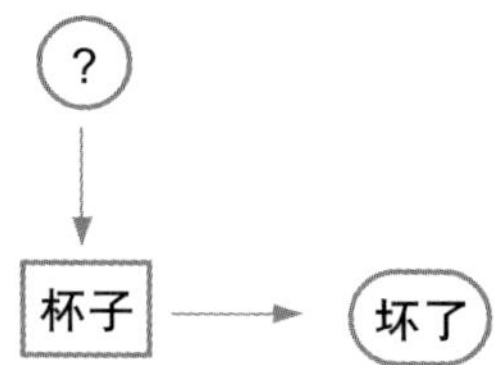

따라서 다음과 같이 말할 수 있다.

     他把杯子打坏了。

     他把杯子碰坏了。

다음 문장은 틀린 표현이다.

     ② 我们把他进医院。(×)

     ③ 我把文章懂了。(×)

반드시 다음과 같이 말해야 한다.

     ②′ 我们把他送进医院。

        我们把他抬进医院。

        我们把他扶进医院。

     ③′ 我把文章看懂了。 / 我把文章弄懂了。

▶ 把 …… ＋ 행위·동작 ＋ 결과

빈칸에 알맞는 동사를 넣어봅시다.

1 我把那些书都＿＿ 掉了。

2 他把我的照相机＿＿ 走了。

3 请你把那张报纸＿＿ 给我。

4 把那张桌子＿＿＿ 到厨房里去吧。

5 咱们把这幅画＿＿＿ 在左边墙上吧。

6 等我把信＿＿＿ 完了就去吃饭。

180 "他把杯子打"는 왜 틀린 문장일까?

他把杯子打。(×)
我要马上把这封信寄。(×)
你应该先把这篇文章看，然后再做练习。(×)

"把"자 구문은 어떤 사물에 행위나 동작에 의한 변화가 발생했거나, 어떤 영향에 따라 모종의 결과가 생겨났음을 나타낸다. 따라서 "把"자 구문에서는 동사의 뒤에 반드시 다른 단어들이 와야 한다. 이 단어들은 문장의 중심 내용으로서 '변화, 영향, 결과'를 나타낸다. 만약 다른 단어들 없이 동사만 단독으로 쓰였다면 "把"자 구문은 '행위나 동작'만을 말할 뿐, '변화, 영향, 결과'는 말하지 않았으므로 완전한 문장은 될 수 없다.

① 他把杯子打。(×)

이 문장은 다음과 같이 말할 수 있다.

他把杯子打破了。

他把杯子打碎了。

他把杯子打坏了。

他把杯子打在了地上。

② 我要马上把这封信寄。(×)

이 문장은 다음과 같이 말할 수 있다.

我要马上把这封信寄出去。

我要马上把这封信寄走。

我要马上把这封信寄到法国去。

③ 你应该先把这篇文章看, 然后再做练习。(×)

이 문장은 다음과 같이 말할 수 있다.

你应该先把这篇文章看完, 然后再做练习。

你应该先把这篇文章看懂, 然后再做练习。

你应该先把这篇文章看一遍, 然后再做练习。

▶ 把 …… ＋ 행위·동작 ＋ 결과

다음 문장을 완성해봅시다.

1 别忘了把照相机带_______________。

2 我们把书搬_______________。

3 我要把房间布置_____________, 下午有客人要来。

4 我把那些水果都送_______________。

5 请你把黑板擦_______________。

6 这些面包已经坏了, 不能吃了, 把它扔__________吧！

181

"他把一本书买到了"는 왜 틀린 문장일까?

他把一本书买到了。(×)

"把"자 구문은 어떤 사물에 행위나 동작에 의한 변화가 발생하거나, 어떤 영향에 따라 모종의 결과가 생겨났음을 나타낸다. 따라서 "把"의 목적어는 반드시 말하는 이나 듣는 이 모두 알고 있는 것이어야 한다.

다음과 같이 말할 수 있다.

① 他把书买到了。

② 他把那本书买到了。

다음 문장은 틀린 표현이다.

③ 他把一本书买到了。(×)

▶ 把 + 확정적 사물 + ······

182

"我把这本书看得懂"은 왜 틀린 문장일까?

我把这本书看得懂。(×)
我把这本书看不懂。(×)

"把"자 구문에서는 가능보어를 사용할 수 없다.

　　① 我把这本书看得懂。(×)

　　② 我把这本书看不懂。(×)

"看得懂", "看不懂"은 "能不能看懂(이해할 수 있는지 없는지)"을 말하는 것으로, 능력이나 가능성을 나타내지 실제적인 결과가 아니다. "把"자 구문은 반드시 다른 사람에게 실제적인 결과를 알려줘야 한다. 따라서 다음과 같이 말해야 한다.

　　③ 我把这本书看懂了。

　　④ 我没把这本书看懂。

▶ 把 …… ＋ 동사 ＋ $\left\{ \begin{matrix} 得 \\ 不 \end{matrix} \right\}$ ＋ 가능보어 (×)

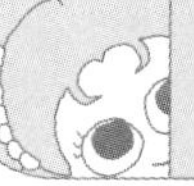

183

"把饺子吃在食堂里"는
왜 틀린 문장일까?

我把饺子吃在食堂里。(×)
我把汉语学在北京大学。(×)

아래의 구형과 예문을 살펴보자.

▶ 把 + 물건 + 동사 + 在 + 장소

① 他 把 书 放在 桌子上。
② 他 把 照片 挂在 墙上。
③ 他 把 名字 写在 信封上。
④ 他 把 电话号码 记在 脑子里。

위의 예문은 모두 두 부분으로 나눌 수 있다.

	동사 + 물건		물건 + 在 + 장소		
1	放	书	书	在	桌子上
2	挂	照片	照片	在	墙上
3	写	名字	名字	在	信封上
4	记	电话号码	电话号码	在	脑子里

여기에서 '동사 + 물건'은 원인이고, "물건 + 在 + 장소"는 결과이
다. 예를 들어, "他把书放在桌子上"의 의미는 다음과 같다.

a 책은 원래 탁자 위에 있지 않았다.

b 원인 : 그가 책을 놓았다.

c 그래서, 책은 현재 탁자 위에 있다.

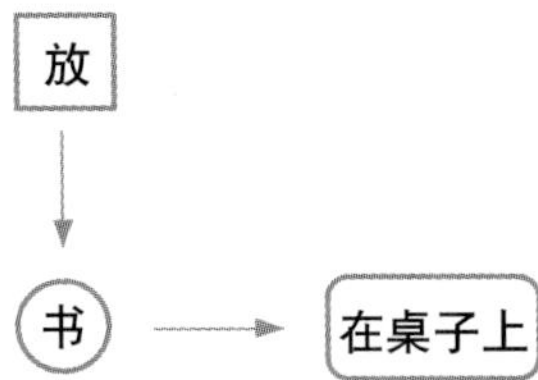

①~④는 다음과 같다.

	원인	결과
1	放书	书在桌子上
2	挂照片	照片在墙上
3	写名字	名字在信封上
4	记电话号码	电话号码在脑子里

아래 두 예문을 비교해보자.

⑤ 把饺子吃在肚子里

⑥ 把饺子吃在食堂里 (×)

⑤는 맞지만 ⑥은 틀린 문장이다. 왜냐하면 "吃饺子(만두를 먹는)"는 "饺子在肚子里(만두가 뱃속에 있는)"의 원인이지만 또 "吃饺子(만두를 먹은)"는 "饺子在食堂里(식당 안에 있는)"의 원인은 아니기 때문이다.

⑤ 만두를 먹다 ⇒ 만두는 뱃속에 있다.

⑥ 만두를 먹다 ⇒ 만두는 식당 안에 있다.(×)

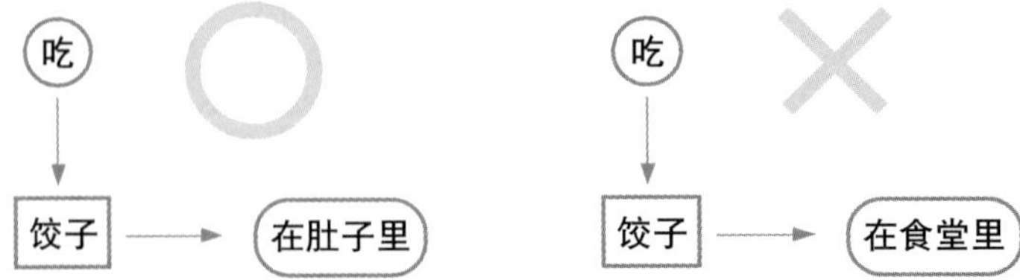

따라서 예문은 다음과 같이 말해야 한다.

⑦ 我在食堂里吃饺子。

⑧ 我在北京大学学汉语。

"我把作业没交上去"는 왜 틀린 문장일까?

我把作业没交上去。(×)
你把作业应该交上去。(×)
照相机被他昨天借走了。(×)

$$不\ 没\ 别 \ + \ [把\ 被] \ + \ \cdots\cdots$$

첫째, "把"자 구문이나 "被"자 구문에서 부정사는 "把"나 "被"의 앞에 놓아야 한다.

① 我没把作业交上去。

② 别把这件事告诉他。

③ 我因为跑得快，没被他们抓住。

둘째, "把"자 구문과 "被"자 구문 안에서 시간을 나타내는 단어는 "把"나 "被"의 앞에 놓아야 한다.

$$시간사 \ + \ [把\ 被] \ + \ \cdots\cdots$$

④ 妈妈已经把东西都准备好了。

⑤ 照相机昨天被他借走了。

⑥ 我马上就把礼物送过去。

셋째, "把"나 "被"자 구문에서 능원동사는 "把"나 "被"의 앞에 놓아야 한다.

315

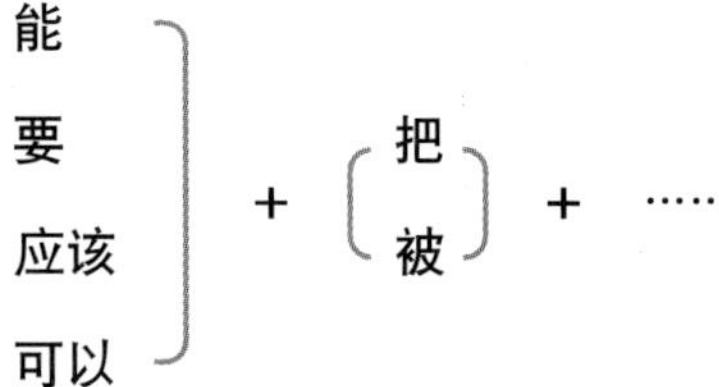

⑦ 你应该把作业交上去。

⑧ 我可以把书拿进去吗？

⑨ 这句话会被人误解的。

아래의 예문은 한 문장에 부정사, 시간을 나타내는 단어와 능원동사
가 모두 들어간 경우이다.

⑩ 你**昨天不应该**把这件事告诉他，这是秘密。

 **주어진 조건에 맞추어 작문해봅시다.**

1 他把杂技票给我 + 没有

→ ____。

2 你把雨伞借给我 + 可不可以

→ ____？

3 照相机被他弄坏了 + 昨天

→ ____。

4 我把词典还给你 + 马上就

→ ____。

5 我把那本书看完了 + 已经

→ ____。

185 “信被写好了”일까, “信写好了”일까?

信被写好了. (×)

任务已经被完成了. (×)

일상 회화에서는 “被”를 거의 사용하지 않으므로 “被”자 구문 대신 다음과 같이 말하는 것이 좋다.

① 饭吃了吗?

② 信写好了。

③ 任务已经完成了。

④ 词典放在桌子上。

⑤ 钱包我已经找到了。

“被”를 사용하는 경우로는 다음 두 가지 상황을 들 수 있다.

첫째, 원하지 않는 불쾌한 일이 발생한 경우

⑥ 钱包被人偷走了。

⑦ 信被他藏起来了，我怎么也找不到。

⑧ 那个秘密被他发现了。

둘째, 被가 없으면 문장의 의미가 모호한 경우

⑨ 小王被公司派到外国去工作。

　　(小王公司派到外国去工作。(×))

⑩ 小王被小李打了。

⑪ 他被大家选为工会主席。

이때 "被"자 구문의 주어는 주로 사람이고, 사물은 주어가 될 수 없지만 때에 따라서는 다음과 같은 문장을 접할 수도 있다.

⑫ 这本书已经被他译成了日语。

그러나, 회화에서는 보통 위와 같은 문장은 사용하지 않는다.

186 "让你马上去"와 "让我想一想"과 "让人偷走了"

아래의 세 문장을 비교해보자.

① 老师让你马上到他的办公室去一趟。

② 请等一下，让我想一想。

③ 我的钱包让人给偷走了。

위 예문에 쓰인 "让"은 모두 뜻이 다르다.

첫째, ①의 "让"은 '지시한다'의 의미로, 여기에서는 "请", "叫", "要"로 대체할 수도 있다.

  ④ 我让他替我寄一封信。

  ⑤ 我朋友让我一起去看电影。

  ⑥ 他让我们等他一下。

둘째, ②에서 "让"은 '동의한다'는 뜻이다.

  ⑦ 请你让我进去吧。

  ⑧ 让我看一下你的照片，好吗？

셋째, ③에서의 "让"은 '피동'의 의미이며 "被", "叫", "给"로 바꾸어 말할 수도 있다.

  ⑨ 自行车让我朋友骑走了。

  ⑩ 杯子让他给打碎了。

187 "书在桌子上"과 "桌子上有一本书"

一本书在桌子上。(×)

桌子上有那本书。(×)

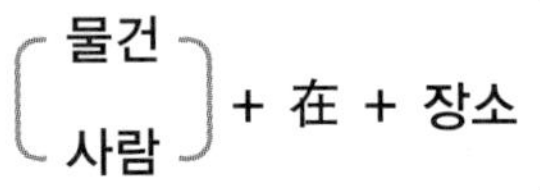

① 书在桌子上。

② 桌子上有一本书。

①과 ②는 다르다. ①의 "书" 앞에는 "一本"이 없지만, ②의 "书" 앞에는 "一本"이 있는 것을 볼 수 있다.

다음을 비교해보자.

在	有
那本书在桌子上。	桌子上有那本书。(×)
一本书在桌子上。(×)	桌子上有一本书。

"书在桌子上"에서의 "书"는 특정한 '그 책'을 가리키는 반면, "桌子上有一本书"의 "书"는 특정한 것이 아니라 그냥 '책 한 권'을 가리킨다. 만약 듣는 이가 이미 어떤 책인지 알고 있을 때 "在"의 문구를 사용하면, 그에게 "书"가 어디 있는지를 가르쳐주는 것이다. 또한 듣는 이가 무엇이 있는지 모를 때, "有"의 문구를 사용하면, 그에게 무엇이 있는지를 가르쳐주는 것이다.

아래의 ③과 ④, ⑤와 ⑥을 비교해보자.

③ A：你找什么？

B：我找我的汉语课本，你看见过吗？

A：书在那边的桌子上。

（书 = 你的汉语课本）

④ A：桌子上有什么？

B：桌子上有一本书。

A：什么书？

B：汉语课本。

⑤ A：你同屋在哪儿？

B：他在教室里。

⑥ A：现在教室里有人吗？

B：有很多人。

A：都是谁？

B：我不认识。

188

“桌上有一本书”와 “桌上是一本书”

 “桌上有一本书”와 “桌上是一本书”의 의미는 다르다.

① 桌上有一本书。

② 桌上是一本书。

①과 ②는 모두 맞는 문장이나, 의미는 약간 다르다.

첫째, ①은 ‘탁자 위에 책이 있다’는 단순한 의미이다. ②는 ‘a. 탁자 위에 물건이 있고 b. 이것은 한 권의 책이다’로 ①보다 복잡한 의미이다. 그래서 “桌子上有东西”라고 말할 수는 있으나, “桌子上是东西”라고 말할 수는 없다. “桌子上有东西吗?”라고 물을 수는 있으나, “桌子上是东西吗?”라고 물을 수 없고, “桌子上是什么东西?”라고 물어야 한다.

둘째, ①과 ②의 부정 형식은 다음과 같다.

③ 桌上没有书。

④ 桌上不是一本书。

③의 경우 탁자 위에는 다른 물건이 있을 수도 있고, 없을 수도 있다. 그러나 ④의 경우 탁자 위에는 반드시 다른 물건이 있게 마련이다.

⑤ 桌上不是一本书，是一本词典。

셋째, “桌上有一本书”는, 책 한 권만이 있다는 의미가 아니다.

⑥ 桌上有一本书，还有一本词典。

그러나 "桌上是一本书"라고 하면, 탁자 위에 오직 한 권의 책이 있다는 말이 된다. 따라서 다음과 같이 말할 수는 없다.

⑦ 桌上是一本书，还是一本词典。(×)

넷째, "是" 뒤의 목적어는 특정물일 수도 있고, 특정물이 아닐 수도 있다. 그러나 "有" 뒤의 목적어는 보통 모두 불특정물이다.

⑧ 对面是一个中学。(불특정물)

⑨ 对面是鲁迅中学。(특정물)

⑩ 对面有一个中学。(불특정물)

⑪ 对面有鲁迅中学。(×)(특정물)

⑪의 "鲁迅中学"는 특정 학교의 이름으로 "有"의 목적어가 될 수 없다. 하지만 다음과 같이 말할 수는 있다.

⑫ 对面有一个鲁迅中学。

"一个"를 씀으로 인해 바른 문장이 된 것이다. 또 몇 개의 이름을 함께 말할 수도 있다.

⑬ 对面有鲁迅中学、中山公园、朝阳商场。

⑭ 坐在前面的有马新、田园和王沪生。

189

“书放在桌子上”과 “桌子上放着一本书”

桌子上放在一本书。(×)
书放着桌子上。(×)
一本书放在桌子上。(×)
桌子上放着那本书。(×)

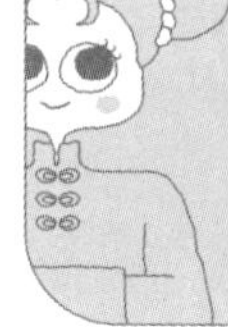

$$\left[\begin{array}{c}\text{물건}\\\text{사람}\end{array}\right] + \text{동사} + \text{在} + \text{장소}$$

$$\text{장소} + \text{동사} + \text{着} + \left[\begin{array}{c}\text{물건}\\\text{사람}\end{array}\right]$$

① 书放在桌子上。

② 桌子上放着一本书。

①과 ②의 의미는 거의 같지만, 그렇다고 완전히 같은 것은 아니다. ①에서는 '그 책 혹은 이 책'이 어떤지를 말하고, ②에서는 '책상 위'가 어떤지를 말하고 있다. ①에서는 '책', '이 책', '그 책', '나의 책'이라고는 말할 수 있지만 '책 한 권', '책 두 권' 등등으로는 말할 수 없다. 또 ②에서는 '책 한 권', '책 두 권'이라고는 말할 수 있으나 '이 책', '그 책', '나의 책' 등등으로는 말할 수 없다.

다음 문장을 비교해보자.

③ 书放在桌子上。

④ 书在桌子上。

⑤ 桌子上放着一本书。

⑥ 桌子上有一本书。

③과 ④, ⑤와 ⑥의 의미는 비슷하지만 완전히 같은 것은 아니다. ④

와 ⑥은 오직 '존재'한다는 사실만을 가르쳐주며, ③과 ⑤는 구체적
으로 존재하는 방식까지 가르쳐준다.

　　⑦　他在桌子旁边。

그러나 이때 "在"의 구체적 존재 방식은 다를 수 있다.

　　⑧　他坐在桌子旁边。

　　⑨　他站在桌子旁边。

　　⑩　他躺在桌子旁边。

 **빈칸을 동사로 채워 넣어봅시다.**

1　床下 __________ 着一双皮鞋。

2　门外 __________ 着一辆汽车。

3　黑板上 __________ 着许多字。

4　墙上 __________ 着一幅画。

5　他们都 __________ 在教室外面，等老师来开门。

6　他病了，一直 __________ 在床上。

7　我的书都 __________ 在书架上。

190

"屋里坐着一个人"과 "前面来了一个人"에서 一个人의 위치

一个人屋里坐着。(×)
一个人前面来了。(×)

중국어에는 다음과 같은 문형이 있다.

장소 ＋ 동사 ＋ 〔 了 / 着 〕 ＋ 사람 / 사물

이러한 문형은 모두 존재나 출현, 혹은 소실의 의미를 나타내며, "存现句(존현문)"이라고 한다. 예를 들어 아래의 문장은 모두 '존재'를 나타내는데, 바로 '어떤 사람 혹은 어떤 물건이 어디에 있다'를 나타낸다.

① 屋里坐着一个人。

② 汽车上站着许多人。

③ 小小的大厅里挤着几百个学生。

④ 床下放着一双鞋。

⑤ 外面停着一辆车。

⑥ 墙上挂着一幅画。

아래의 문장은 모두 '출현'을 나타낸다.

⑦ 前面来了一个人。

⑧ 前面的饭店里走出一群年轻人。

⑨ 天上飞过去几只鸟。

　　⑩　那边出了一个交通事故。

아래의 문장은 모두 '사라짐'을 나타낸다.
　　⑪　张家死了一个人。
　　⑫　班里走了两个学生。

따라서 다음의 두 가지 사항을 주의해야 한다.

첫째, 존현문에서는 '한 사람, 많은 사람, 몇백 명, 신발 한 켤레' 등등으로만 말할 수 있고, '이 사람, 그 사람, 그들, 학생들' 등등으로는 말할 수 없다.

다음 문장을 비교해보자.
　　⑬　汽车上站着许多人。
　　⑭　那些人都在汽车上站着。
⑬은 '자동차 위'가 어떠한지를 알려주며, 중점은 '많은 사람'이다.
⑭는 '그 사람들'이 어떠한지를 알려주며 중점은 '서 있다'이다.

　　⑮　屋里坐着一个人。
　　⑯　前面来了一个人。
　　⑰　他在屋里坐着。
　　⑱　他从非洲来的。
⑮와 ⑯은 존현문으로 "在"나 "从" 등의 전치사를 사용하지 않아도 된다. 그러나 ⑰과 ⑱은 존현문이 아니므로 "在"나 "从" 등의 전치사를 사용해야 한다.

어떤 학습자들은 다음과 같은 사항에 의문을 갖기도 한다. "人一坐", "放一书"라고 말할 때, '사람'은 능동적이므로 동사 앞에 놓아

야 하고, '책'은 수동적이므로 동사 뒤에 놓아야 하는데, 여기서는
왜 모두 동사 뒤에 놓았을까? 여기서는 '사람'과 '책'이 모두 현존하
는 내용이기 때문이다. 이 문장들이 '존현문'인 것이다. '존현문' 안
에서는 '장소'를 먼저 말하고 "存現"의 내용은 나중에 말해야 한다.
이때 문장의 가장 뒤에 놓인 "一个人"은 주어인가, 보어인가? 주어
라고 하는 사람도 있고, 보어라고 하는 사람도 있다. 이것은 중요하
지 않다. 다만 '존현문'의 형식이 '장소＋동사＋着／了＋사람／사
물'이라는 것을 기억하는 것이 보다 중요하다.

191

"他比我睡觉睡得早"일까, "他睡觉比我睡得早"일까?

他比我睡觉得早. (×)
他比我睡觉睡得早. (×)

[동사 ＋ 목적어 ＋ 동사 ＋ 得 ＋ 보어]

睡	觉	睡	得	早
唱	歌	唱	得	好

写　汉字　写　得　清楚

“比”가 들어가는 문장에서 ‘比 + 비교 대상’은 ‘동사 + 목적어……’
의 앞에 둘 수 없고, ‘比 + 비교 대상’은 ‘동사 + 得 + 보어’의 앞이
나 ‘보어’의 앞에 놓을 수 있다.

> **동사 · 목적어 + 比 + 비교 대상 + 동사 + 得 + 보어**
>
> **=**
>
> **동사 + 목적어 + 동사 + 得 + 比 + 비교 대상 + 보어**

睡　觉　比我　睡　得　早　＝　睡　觉　睡　得　比我　早

唱　歌　比我　唱　得　好　＝　唱　歌　唱　得　比我　好

写　汉字　比我　写　得　清楚　＝　写　汉字　写　得　比　我　清楚

아래의 조건에 맞추어 작문해봅시다.

1 他起床起得晚 + 比我

　→ ＿＿＿＿＿＿＿＿＿＿＿＿＿＿＿＿＿＿＿＿＿＿。

2 他吃饭吃得多 + 比我

　→ ＿＿＿＿＿＿＿＿＿＿＿＿＿＿＿＿＿＿＿＿＿＿。

3 他爬山爬得高 + 比我

　→ ＿＿＿＿＿＿＿＿＿＿＿＿＿＿＿＿＿＿＿＿＿＿。

4 他踢球踢得好得多 + 比我

　→ ＿＿＿＿＿＿＿＿＿＿＿＿＿＿＿＿＿＿＿＿＿＿。

192

"睡得早三个小时"일까, "早睡三个小时"일까?

他比我睡得早三个小时。(×)

他三个小时比我睡得早。(×)

다음과 같이 말할 수는 있다.

> 他比我高　➡　他比我高三厘米

그러나 다음과 같이 말하는 것은 곤란하다.

> 他比我睡得早　➡　他比我睡得早三个小时。(×)

다음과 같이 말해야 한다.

> 他比我早睡三个小时。

"早", "晚", "多"는 동사의 앞에 놓일 수도 있는데, 이때는 동사의 뒤에 수량사가 온다.

동사	+	得	+	早 晚 多 少		早 晚 多 少	+	동사	+	수량
睡		得		早		早		睡		三个小时
来		得		晚		晚		来		三天
写		得		多		多		写		两篇
喝		得		少		少		喝		一瓶

① 他九点钟就睡觉了，我十二点才睡，他比我早睡三个小时。

② 昨天晚上我喝了三瓶啤酒，他喝了四瓶，我比他少喝一瓶。

③ 他九月一号到北京，我九月三号到北京，我比他晚到两天。

그러나 회화에서 "早 / 晩 / 多 / 少 + 동사 + 수량"의 동사는 생략 가능하다.

① A：你们俩谁睡得早？

　　B：他早。他比我<u>早三个小时</u>。

빈칸을 채워 문장을 완성해봅시다.

1 他六点钟起床，我七点半起床，他比我 __________ 。

2 他三号来的，我二号来的，他比我 __________ 。

3 我学了一年，他学了一年半，他比我 __________ 。

4 我做了两个练习，他做了三个练习，我比他 __________ 。

“哥哥比弟弟一点儿高”일까,
“哥哥比弟弟高一点儿”일까?

哥哥比弟弟一点儿高。(×)
哥哥比弟弟有点儿高。(×)

다음과 같이 말할 수는 없다.

$$A \ 比 \ B \ \begin{bmatrix} 一些 \\ 一点儿 \\ 有点儿 \end{bmatrix} + \ 형용사(×)$$

다음과 같이 말해야 한다.

A　比　B　+　형용사　+　一点儿

① 哥哥比弟弟高一点儿。

② 今天比昨天热一点儿。

③ 妹妹比姐姐漂亮一点儿。

④ 我跑得比他快一点儿。

위의 “一点儿”는 또한 “一些”로 대체할 수 있다.

⑤ 哥哥比弟弟高一些。

아래의 표를 보고 “**比**”자 구문을 만들어봅시다.

今天 : 6℃	昨天 : 7℃
弟弟 : 70kg	哥哥 : 68kg
我 : 6:30 起床	他 : 7:00 起床
我们班 : 10 个学生	他们班 : 13 个学生

1 今天比昨天 ___________ 。 昨天比今天 ___________ 。

2 弟弟比哥哥 ___________ 。 哥哥比弟弟 ___________ 。

3 我比他 ___________ 。 他比我 ___________ 。

4 我们班的学生比他们班 ___________ 。

 他们班的学生比我们班 ___________ 。

194

"哥哥比弟弟还高"

"哥哥比弟弟还高"의 의미는 다음과 같다.

　a 동생은 크다.

　b 형은 더 크다.

$$A \ 比 \ B \ \begin{bmatrix} 更 \\ 还 \end{bmatrix} + \begin{bmatrix} 형용사 \\ 동사 \end{bmatrix} ……$$

의미는 'B 很 형용사 / 동사……, B更 형용사 / 동사' 이다.

　① 姐姐很漂亮，妹妹比姐姐还漂亮。

　② 昨天非常热，今天比昨天更热。

　③ 他十分喜欢踢足球，我比他更喜欢踢足球。

　④ 他跑得很快，我跑得比他还快。

아래의 표를 보고 **比**자 문장을 만들어봅시다.

今天 :　-14℃	昨天 :　-13℃
弟弟 : 200 公斤	哥哥 : 180 公斤
我 : 4:00 起床	他 : 4:30 起床
我们班 : 40 个学生	他们班 : 50 个学生

1 今天比昨天 ___________ 。

2 弟弟比哥哥 ___________ 。

3 我比他 ___________ 。

4 他们班的学生比我们班 ___________ 。

195

"哥哥比弟弟还高"일까, "哥哥比弟弟高得多"일까?

哥哥比弟弟很高。(×)
我跑得比他非常快。(×)

다음은 틀린 문형이다.

$$
A \ 比 \ B \ + \left[\begin{array}{c} 很 \\ 非常 \\ 十分 \end{array}\right] + \ 형용사(×)
$$

다음과 같이 말해야 한다.

$$
A \ 比 \ B \ \cdots\cdots \ + \ 형용사 \ + \left[\begin{array}{c} 多了 \\ 得多 \end{array}\right]
$$

① 哥哥比弟弟高多了。(= 哥哥比弟弟高得多。)

② 昨天不太热，今天很热，今天比昨天热多了。

③ 姐姐不太漂亮，妹妹比姐姐漂亮多了。

④ 他跑得太慢了，我虽然跑得不是最快，不过，我跑得比

他快多了。

"多多了 / 多得多", "少多了 / 少得多"는 어떤 뜻인지 생각해보자.

아래의 표를 보고 **比**문장을 만들어봅시다.

今天 : - 14℃	昨天 : - 3℃
弟弟 : 200 公斤	哥哥 : 60 公斤
我 : 4:00 起床	他 : 7:30 起床
我们班 : 10 个学生	他们班 : 50 个学生

1 今天比昨天 __________ 。　　昨天比今天 __________ 。

2 弟弟比哥哥 __________ 。　　哥哥比弟弟 __________ 。

3 我比他 __________ 。　　他比我 __________ 。

4 我们班的学生比他们班 __________ 。

他们班的学生比我们班 __________ 。

196

“今天有昨天这么热吗”일까, “今天有昨天那么热吗”일까?

“这么”는 가까운 것을 가리키며, “那么”는 먼 것을 가리킨다.

$$A + \begin{bmatrix} 有 \\ 没有 \end{bmatrix} + B + \begin{bmatrix} 这么 \\ 那么 \end{bmatrix} \cdots\cdots$$

위의 형식은 비교를 나타내는데, “这么”는 가까운 것을, “那么”는 먼 것을 나타낸다. 만약 B가 가리키는 사람이나 물건이 화자로부터 가깝거나 말한 시각으로부터 얼마 되지 않았으면 “这么”를 사용하고, B가 가리키는 사람이나 물건이 화자로부터 좀 멀리 떨어져 있거나, 말한 시각으로부터 오래 지났으면 “那么”를 사용한다.

다음 문장을 비교해보자.

① a : 今天有**昨天**<u>那么</u>热吗？

　 b : 昨天有**今天**<u>这么</u>热吗？

② a : 北京有**东京**<u>那么</u>热闹吗？　┐

　 b : 东京有**北京**<u>这么</u>热闹吗？　┘화자는 북경에 있다

③ a : 你有**他**<u>那么</u>高吗？　┐

　 b : 他有**你**<u>这么</u>高吗？　┘“你”는 화자로부터 가깝고, “他”는 멀다

这么나 那么를 써서 빈칸을 채워봅시다.

1 明天不会有今天_____冷。

2 我们学校没有他们学校_____大。

3 我家没有你家_____干净、漂亮。(지금 '당신의 집'에 있다.)

4 我家没有你家_____干净、漂亮。(지금 '당신의 집'에 없다.)

197 "不比你高"와 "没有你高"

我比你不高。(×)

"我比你不高"라고는 말할 수 없고, "我没有你高"나 "我不比你高"라고 말해야 한다. 그런데, "我不比你高"와 "我没有你高"의 의미는 약간 다르다.

> 我不比你高 = 我跟你差不多
>
> 我没有你高 = 我比你矮

아래 예를 살펴보자.

① A：我不能参加篮球比赛，我个子太矮，你去参加吧。

B：那不行。我不比你高。

여기에서, B는 '넌 내가 너보다 크다고 생각하지만, 네 생각은 틀렸다. 우리 둘은 키가 비슷하고 좀 작은 편'이라는 뜻이다.

② A：我一米七八, 你多高？

B：我一米七五, 我没有你高。

여기에서 B는 '네가 나보다 크고, 난 너보다 작다'는 뜻이다.

다시 ③과 ④를 비교해보자.

③ A：这件衣服太大。

B：那件也挺大。那件不比这件小。

④ A：这件衣服太大。

B：那件小一点儿。那件没有这件大。

③의 B는 '두 벌의 옷 모두 크다'는 뜻이다. ④의 B는 '그 옷이 이 옷보다 작다'는 뜻이다.

1. 아래 대화에서 밑줄 친 내용을 생각해봅시다.

A：(在商店) 有没有青岛啤酒？

B：没有青岛啤酒, 只有上海啤酒。

A：我不要上海啤酒, <u>上海啤酒没有青岛啤酒好</u>。

B：不, 你没喝过上海啤酒吧？<u>上海啤酒不比青岛啤酒差</u>。

不信你买一瓶回去尝尝。

2. 대답해봅시다.

| "上海啤酒没有青岛啤酒好"는 무슨 뜻입니까?

A 上海啤酒比青岛啤酒好　　　B 青岛啤酒比上海啤酒好

C 两种啤酒都好　　　D 两种啤酒都差

2 "上海啤酒不比青岛啤酒差"는 어떤 의미입니까?

A 上海啤酒比青岛啤酒好　　　B 青岛啤酒比上海啤酒好

C 两种啤酒都好　　　D 两种啤酒都差

198 "我不是说过吗" 일까, "他说过没有" 일까?

"不是…… 吗?"는 통상 반어의문문으로 쓰인다.

"不是…… 吗?"는 통상 반어의문문으로 쓰인다.

아래 대화를 살펴보자.

① 学生 : 老师, 这个字是什么意思?

老师 : 我昨天不是说过吗?

学生 : 对不起, 我昨天没听懂。

여기서 선생님은 "我昨天不是说过吗?"라고 했는데, 이 뜻은 '내가 어제 말한 적이 있으니, 너도 알고 있어야 한다'는 의미이다. "不是……吗?"는 반어의문문이다.

    我不是说过吗 = 我说过

물론, "不是……吗?"가 있는 것과 없는 것의 어기는 다르다.
다음 예를 살펴보자.

    ② A：我的眼镜呢?

       B：这不是吗?

        (안경이 여기 있으니 너는 마땅히 그걸 보았어야 한다)

    ③ A：我们队比你们队水平高。

       B：不一定吧。上一次不是我们队赢了你们吗?

        (지난번에 우리가 이긴 것을 너는 마땅히 알아야 한다)

    ④ A：今天晚上的舞会我不去参加了。

       B：为什么? 你不是喜欢跳舞吗?

        (나는 네가 춤추기를 좋아한다는 것을 알고 있으므로 네가
무도회에 가지 않는 것이 이상하다)

"急什么"의 의미

아래의 두 문장을 비교해보자.

　　① A：快走吧，再不走就要迟到了。

　　　 B：急什么，还早着呢！

　　② A：这件事很急吧？

　　　 B：急什么，一点儿也不急。

①에서 "急什么"는 '서두르지 마라'의 뜻이고, ②에서 "急什么"는
'급하지 않다'는 뜻이다.

아래의 "……什么"는 모두 "别……"의 의미이다.

　　③ 快起床吧，都八点多了，还睡什么觉！

　　④ A：你在干什么？

　　　 B：我在看书。

　　　 A：星期天，看什么书，出去玩吧。

　　⑤ 哭什么，快别哭了，把眼泪擦干。

아래의 "……什么"는 모두 "不……"의 의미이다. (또는 "没……")

　　⑥ A：昨天的电影挺好看吧？

　　　 B：好看什么呀，我看了一半就出来了。

　　⑦ A：这台电视机质量不错。

　　　 B：不错什么呀，已经修过三次了。

　　⑧ A：咱们去跳舞吧。

　　　 B：跳舞有什么意思，我对跳舞没兴趣。

⑨ 他是个小孩子，他懂什么？

⑩ A：他怎么没来？

　　B：我请了他两次，他不肯来，我有什么办法？

200 "我怎么知道"와 "他知道不知道"

아래의 대화를 살펴보자.

　① A：你同屋呢？

　　B：我怎么知道？

여기에서 "我怎么知道"는 '난 모른다' 는 뜻이다.

이러한 문구를 '반어문' 이라 한다. "怎么"는 반어문에 사용할 수 있다.

$$
\begin{array}{rcl}
怎么 + 동사 &=& 当然不 + 동사 \\
怎么不 + 동사 &=& 当然 + 동사
\end{array}
$$

　② A：明天可能会下雨。

　　B：怎么会呢？（＝肯定不会）

③　A：明天我看不会下雨。

　　B：怎么不会？（＝很可能会）

④　A：我现在可以出去一下吗？

　　B：现在上课，怎么可以出去？（＝当然不可以）

⑤　A：我现在可以出去一下吗？

　　B：怎么不可以？（＝当然可以）

주의해야 할 것은 "我怎么知道？"는 의미적으로는 '나는 모른다' 인데 "내가 어떻게 알겠느냐?"라는 반어적 어기를 가지므로 공손하게 예의를 갖춘 문장은 아니다. 만약 선생님이 어떤 학생에게 "你的同屋今天为什么没来上课？"라고 물었을 때, "我怎么知道？"라고 대답했다면, 좋은 대답이 아니다. 동급생이나 친구 사이에서는 이렇게 대답할 수 있지만 선생님께라면 버릇없는 표현이 되기 때문이다.

201

“买了一件毛衣和一本词典”과 “买了一件毛衣, 还买了一本词典”

我们也当然想休息。(×)

他们已经到底来了没有?(×)

他早就也许来过了。(×)

아래 4개의 예문을 비교해보면 ① ② ③은 문장이 성립하지만, ④처럼은 말할 수 없다.

    ① 我买了一件毛衣和一本词典。

    ② 我买了一件毛衣, 买了一本词典。

    ③ 我买了一件毛衣, 还买了一本词典。

    ④ 我买了一件毛衣, 和买了一本词典。(×)

“和”는 명사와 명사 사이에 쓰일 수 있다.

▶ **명사 + 和 + 명사**

술어로 쓰이는 동사나 형용사 중간에는 보통 “和”를 쓸 수 없으며 특히 짧은 문장과 짧은 문장 사이에는 더 더욱 “和”를 써서는 안 된다.

    ⑤ 我们唱了歌, (还)跳了舞。

    ⑥ 他来了, 她也来了。

    ⑦ 房间很大, 也很干净。

위의 문장들에는 모두 “和”를 쓸 수 없다.

아래의 문장을 바르게 고쳐봅시다.

1 明天我要工作，和晚上要去看朋友。

2 这件衣服很便宜，和很漂亮。

3 他是我朋友，和也是我老师。

4 我会说英语，和说法语。

5 我去过北京，和去过上海。

202

"还学过日语"와 "也学过日语"

"还"는 '보충'을 나타내고, "也"는 '서로 같음'을 나타낸다.

"还"는 '보충'을 나타내고, "也"는 '서로 같음'을 나타낸다.

① a : 我买了很多东西，**还**看了一场电影。

　　b : 我买了很多东西，他**也**买了很多东西。

② a : 我们唱了歌，**还**跳了舞。

　　b : 我们唱了歌，他们**也**唱了歌。

③ a : 他学过英语，**还**学过日语。

　　b : 他学过英语，我**也**学过英语。

그러나, "也"와 "还"를 모두 사용할 수도 있다.

③ a　：他学过英语，**还**学过日语。

　　a′：他学过英语，**也**学过日语。

그러나 뜻은 조금 다르다. 앞문장의 뜻은 '그는 영어를 배웠을 뿐 아니라 일본어도 배웠다' 는 것이고, 뒷문장의 뜻은 '그는 영어와 일본어를 모두 배웠다' 는 것이다.

还나 也를 써서 빈칸을 채워봅시다.

1 他送给我一些苹果，______ 送给我一个西瓜。

2 小李送给我一些苹果，小张 ______ 送给我一些苹果。

203

或者와 还是

 **"还是"**는 접속사로 쓰일 때, **"或者"**와 마찬가지로 선택을 나타낼 수 있다. **"或者"**는 서술문에서만 쓸 수 있고, **"还是"**는 의문문에서만 쓸 수 있다.

"还是"가 접속사로 쓰일 때는 "或者"와 같으며 둘 다 선택의 관계를 나타낼 수 있다. "无论", "不论", "不管"의 뒤에 쓸 수 있는데 모든 상황을 포함함을 나타낸다.

① 无论刮风或者(还是)下雨，旅行的计划不变。

② 不管你同意还是(或者)不同意，我都要去。

그러나 "或者"는 오직 서술문에 쓰여 선택을 나타내지만, "还是"는 의문문에도 쓰여 선택을 나타낸다.

③ A：你喝茶还是喝咖啡？

　　B：茶或者咖啡都可以。

④ A：你星期六还是星期天去北京？

　　B：星期六或者星期天去都可以。

⑤ 教你们口语课的是王老师还是(或者(×))张老师？

⑥ 我想买点儿苹果或者(还是(×))橘子。

"还是"는 서술문에 쓰일 때 선택의 결과를 확신할 수 없음을 나타내는데, 문장 중에서는 보통 목적어가 된다. 문장 형식은 일반적으로 "(是) A 还是 B"나 "(还是) A 还是 B"의 형태로 많이 쓰인다.

⑦ 我不知道他到底(是)去北京还是去西安。

⑧ 我不清楚这个字(还是)读"jīn"还是读"jìng"。

⑨ 我想买台电视机,(是)买进口的还是买国产的，现在还没决定。

예문 ⑦, ⑧, ⑨에서는 모두 "或者"를 쓸 수 없다.

 **还是를 쓸 수 없는 문장을 골라봅시다.**

1 冬天我喜欢滑雪还是溜冰。

2 你喜欢滑雪还是溜冰？

3 我想去北京还是西安，现在还没决定。

4 他觉得冬天还是夏天都不好。

5 不管朝南还是朝北的房间都是一样的价钱。

"去苏州还是去杭州"와 "咱们还是去苏州吧"

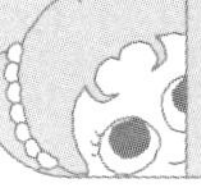

"还是"에는 두 가지 뜻이 있다.

다음 문장을 비교해보자.

① 你去苏州还是去杭州？

② 咱们还是去苏州吧。

①과 ②의 "还是"는 다른 의미이다. ①은 의문문으로 "还是"는 선택을 나타낸다. 그러나 ②의 "还是"는 평서문에 쓰여 몇 가지의 일, 몇 종류의 물건, 혹은 몇 명에 대하여 비교를 한 후 그들 중 하나를 결정하여 선택함을 의미한다.

③ A：坐飞机去还是坐火车去？

　 B：我看还是坐飞机吧，坐飞机快一点儿。

④ 营业员：我们商店有各种颜色的毛衣，有红的，有黄的，

　　　　　有蓝的……。您要什么颜色的？

　 顾　客：(想了一下) 我还是买一件黄的吧。

⑤ A：公司打算派一个人去法国工作，小王和小张都很不

　　　错，派谁去呢？

　 B：还是派小王去吧。小王的法语比小张好。

"不但他想去，也我想去"는 맞는 문장일까?

不但他想去，也我想去。(×)
不但他想去，我而且想去。(×)

아래의 단어들은 주어 앞에 놓을 수 없으며 이들은 모두 부사이다.

就　才　却　都　也　又　还　越……

① a：不但他想去，我也想去。

　　b：不但他想去，也我想去。(×)

② a：虽然他很努力，成绩却不太好。

　　b：虽然他很努力，却成绩不太好。(×)

③ a：他请我去，我就去。

　　b：他请我去，就我去。(×)

④ a：人越多，晚会越热闹。

　　b：越人多，越晚会热闹。(×)

그러나 아래의 단어들은 반드시 주어 앞에 와야 한다. 이들은 모두 접속사이다.

所以　　而且　　但是　　那么……

⑤ 不但他想去，**而且**我也想去。

⑥ 虽然他很努力，**但是**成绩却不太好。

⑦ 如果他请我去，**那么**我就去。

위의 문장으로 다음과 같음을 알 수 있다.

$$
\cdots\cdots
\begin{bmatrix}
而且 \\
但是 \\
那么
\end{bmatrix}
+ \ \text{주어} \ +
\begin{bmatrix}
也 \\
却 \\
就
\end{bmatrix}
\cdots\cdots
$$

"也", "却", "就" 등은 반드시 써야 하지만 "而且", "但是", "那么" 등은 생략할 수 있다.

 **괄호 안의 단어를 A, B 중 적당한 곳에 넣어봅시다.**

1 只有努力学习，A你B能取得好成绩。(才)

2 要是明天下雨，A我B不去了。(就)

3 不管唱歌还是跳舞，A他B喜欢。(都)

4 我很想回家，A老师B不同意。(但是)

5 我在日本住过半年，A我B会说一点儿日语。(所以)

6 我以为他上午会来的，A他B没来。(可，却)

7 既然你身体不舒服，A你B回去休息吧。(那么，就)

206

"我虽然想去"와 "虽然我想去"

① 我虽然想去，可是没有时间。

② 虽然我想去，可是没有时间。

③ 我虽然想去，可是他不同意。

④ 虽然我想去，可是他不同意。

위의 예문이 모두 맞는 문장이기는 하지만 ①과 ④가 비교적 좋은 문장이라 할 수 있다. "虽然", "如果", "因为" 등을 주어의 앞이나 혹은 주어의 뒤에 놓으려면 앞절과 뒷절의 주어가 일치하는지를 보아야 한다.

첫째, 만약 주어가 같다면, 일반적으로 하나의 주어만 말하면 되므로 뒷절에서는 주어를 반복할 필요가 없다. 이때 "虽然", "如果", "因为" 등은 주어 뒤에 놓는다.

⑤ 我想去 + 我没有时间 (주어$_1$ = 주어$_2$)

→ 我想去，没有时间 (주어$_2$가 필요 없다.)

→ 我虽然想去，可是没有时间。(주어$_1$ + 虽然 + ……)

둘째, 만약 앞절과 뒷절의 주어가 다르다면, "虽然", "如果", "因为" 등은 주어 앞에 놓아야 한다.

⑥ 我想去 + 他不同意 (주어$_1$ ≠ 주어$_2$)

→ 我想去，他不同意

→ 虽然我想去，可是他不同意。(虽然 + 주어₁ + ……)

다음 각 번호의 a, b 문장을 비교해보자.

⑦ a : 我如果明天有空，就去你家玩。

　　 b : 如果你明天有空，我就去你家玩。

⑧ a : 他因为身体不好，所以不能来了。

　　 b : 因为他爱人身体不好，所以他不能来了。

⑨ a : 他不但去了苏州，还去了杭州。

　　 b : 不但他去了苏州，我也去了苏州。

207 "只要…… 就……"와 "只有…… 才……"

"只要…… 就…… "와 "只有…… 才…… "는 뜻이 다르다.

A : 只要 a，就 b

B : 只有 a，才 b

위의 두 구문에서 a는 조건이고, b는 결과지만 두 구문의 뜻은 조금
다르다. "只要 a，就 b"는 '만약 조건 a가 성립한다면 반드시 b라는

결과가 있다' 는 의미이다. "只有 a, 才 b"는 '반드시 조건 a가 있어야만, 비로소 b라는 결과가 있다' 라는 의미이다.

다음의 두 예문을 비교해보자.
① 只要是中国人，就会说中国话。
② 只有是中国人，才会说中国话。

①은 중국 사람이라면 중국어를 구사할 수 있다는 뜻이다. 맞는 말이다. ②는 중국 사람만이 중국어를 말할 수 있다는 뜻이다. 이 말은 틀린 말이다. 외국인도 중국어를 구사할 수 있기 때문이다.

"只要 a, 就 b"의 구문에서 강조하려는 것은 조건 a가 충분하면 다른 조건이 필요 없다는 것이다.
③ 孩子：吃了药以后，还要打针吗？

妈妈：不需要打针。只要吃了药，感冒就会好的。

"只有 a, 才 b"의 구문에서 강조하려는 것은 반드시 조건 a가 있어야지, 그 밖의 조건들은 모두 안 된다는 것이다.
④ 孩子：我不吃药，我想吃糖，好吗？

妈妈：吃了糖感冒不会好。只有吃了药，感冒才会好。

다음 문장을 다시 비교해보자.
⑤ A：这个图书馆外国留学生可以进去吗？

B：不管是中国学生还是外国学生，<u>只要有借书证，就</u>
　　<u>可以进去</u>。

A：我今天忘了带借书证。

B：那就不能进去。

A：可是我有学生证。

B：那也不行。<u>只有带了借书证，才可以进去</u>。

只有…… 才…… 또는 只要…… 就…… 문형을 이용하여 빈칸을 채워
봅시다.

1 A：咱们一块儿去吧？

  B：不用不用，这点小事，______ 你一个人去 ______ 行了。

2 这件事太麻烦了，我们办不了。______ 他去 ______ 行。
  他比我们能干。

3 A：这个菜怎么做？

  B：很简单，______ 放在开水里煮一下 ______ 可以吃了。

4 A：这个菜可以生吃吗？

  B：不能生吃，______ 煮熟了 ______ 能吃。

"不是……而是……"와 "不是……就是……"

"不是…… 而是……"와 "不是…… 就是……"의 뜻은 완전히 다르다.

다음 문장을 비교해보자.

① 他不是法国人，而是德国人。

"他"는 어느 나라 사람인가? 그는 독일 사람이다.

② 他不是法国人，就是德国人。

"他"는 어느 나라 사람인가? 그는 프랑스 사람일 수도 있고, 독일 사람일 수도 있다. 그는 프랑스인 아니면 독일인이다.

③ 他不是法国人，而是德国人。

  = 他不是法国人，是德国人。

  = 他是德国人，不是法国人。

④ 他不是法国人，就是德国人。

  = 他是法国人或者德国人。

  = 他或者是法国人，或者是德国人。

  = 他可能是法国人，也可能是德国人。

다음 예문을 살펴보자.

첫째, 不是…… 而是……

⑤ A：听说你下个月打算去苏州？

　 B：不，我**不是**打算去苏州，**而是**打算去杭州。

⑥ A：他怎么了？一句话也不说，是身体不好吗？

   B：不，**不是**身体不好，**而是**心情不好。

⑦ A：刚才天气预报说明天要下雨？

   B：不，**不是**要下雨，**而是**要下雪！

둘째, 不是…… 就是……

⑧ A：下个月你去哪儿旅行？

   B：还没定。**不是**去苏州**就是**去杭州，别的地方肯定不去。

⑨ A：他怎么了，为什么一句话也不说？

   B：不太清楚。我想，**不是**身体不好，**就是**心情不好吧。

⑩ A：你喜欢这儿的春天吗？

   B：不喜欢。**不是**刮风**就是**下雨，没有好天气。

不是……(而)是…… 또는 **不是…… 就是……** 문형을 이용하여 빈칸을 채워봅시다.

I 学生：我太笨了，所以学不好。

　老师：不，你 ______ 太笨，______ 不努力。如果你努力一点，肯定能学好。

2 他每天就知道玩儿，______ 去打球 ______ 去唱歌跳舞，从来不看书。

3 A：他去哪儿了？

　B：______ 教室 ______ 图书馆，他肯定在那两个地方。

4 A：你怎么喜欢干这种事？

　B：______ 我喜欢干，______ 他们一定要我干，我也没办法，只好干吧。

"如果……就……"와 "即使……也……"

"如果……就……"와 "即使……也……"의 뜻은 다르다.

A. 如果 a, 就 b

B. 即使 a, 也 b

A와 B에서 a는 가설이고, b는 결과이다. 그러나 A에서 a와 b의 관계는 순접이지만, B에서 a와 b의 관계는 역접이다. ①과 ②를 비교해보자.

① **如果**不下雨, 我们**就**骑车去; **如果**下雨, 我们**就**坐车去。

그러나, 만약 반드시 자전거를 타고 가려고 한다면 비가 오는 것은 상관없이 다음과 같이 말할 것이다.

② **即使**下雨, 我**也**要骑车去。

다음 예문을 살펴보자.

첫째, 如果…… 就……

③ **如果**东西很贵, 我**就**不买了; **如果**东西不贵, 我**就**买一些。

④ **如果**他请我去, 我**就**去; **如果**他不请我, 我**就**不去了。

⑤ **如果**他有空, 他**就**一定会来的; **如果**他很忙, 他**就**不一定来了。

둘째, 即使…… 也……

⑥ **即使**东西很贵，我**也**一定要买。

⑦ **即使**东西不贵，我**也**不买。

⑧ **即使**他请我去，我**也**不会去。

⑨ **即使**他不请我去，我**也**一定要去。

⑩ **即使**他有空，他**也**不会来的。

⑪ **即使**他再忙，他**也**一定会来的。

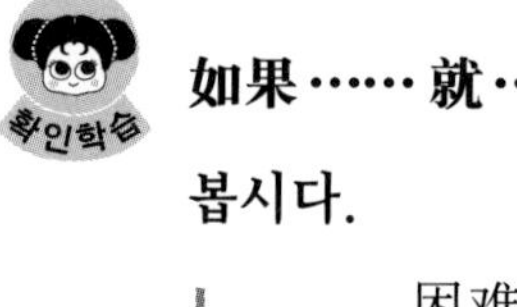

如果…… 就…… 또는 即使…… 也…… 문형을 이용하여 빈칸을 채워 봅시다.

1 ＿＿＿ 困难很多，我们 ＿＿＿ 完不成这个任务了。

2 ＿＿＿ 困难再多，我们 ＿＿＿ 一定要完成这个任务。

3 ＿＿＿ 没有你的帮助，我 ＿＿＿ 不可能有这么大的进步。

4 这种事情，＿＿＿ 你去找他们的领导，恐怕 ＿＿＿ 不会解决问题。

5 这点小事，＿＿＿ 你去找一下领导，肯定 ＿＿＿ 会给你解决的。

210 　既然와 因为

다음 문장을 비교해보자.

　① A : 老师，我身体不舒服，可以回去休息吗？

　　 B : 你既然身体不舒服，就回去休息吧。

　② A : 马丁怎么回去了？

　　 B : 他因为身体不舒服，所以回去休息了。

"既然 a，那 / 就 b"의 문형에서 a는 보통 화자와 청자 모두 알고 있는 사실이며, b는 a로부터 얻어낸 추론이므로 중점은 b에 놓인다.

　③ 你既然来了，就在这儿多住几天吧。

　④ 他既然在中国呆了五年了，那么他的汉语一定很好吧。

　⑤ 既然你觉得这个地方不好，那为什么不换一个地方呢？

"因为 a，所以 b" 문형에서는 a는 원인을 나타내고, b는 결과나 결론을 나타낸다.

　⑥ 他因为要跟很多老朋友见面，所以决定在这儿多住几天。

　⑦ 他因为在中国呆过五年，所以汉语说得很好。

　⑧ 因为觉得这个地方不好，所以他换了一个地方。

마지막으로, ⑨와 ⑩을 비교해보자.

　⑨ 因为他相信我，所以他肯把秘密告诉我。

　⑩ 既然他肯把秘密告诉我，那就说明他相信我。

既然이나 因为를 써서 빈칸을 채워봅시다.

1 ＿＿＿ 你有事，那你就先走吧。

2 他 ＿＿＿ 有事，所以先走了。

3 你 ＿＿＿ 在那儿住了五年，那么你对那儿一定很熟悉吧？

4 我对那儿不太熟悉，＿＿＿ 我在那儿只住了一个月。

211

因为와 由于

"**因为**"와 "**由于**"가 완전히 같지는 않다. "**由于**"는 앞절에만 쓸 수 있으며 주로 서면어로 쓰인다.

"因为" 와 "由于"는 둘 다 "所以"와 함께 복문을 구성할 수 있고, 원인과 이유를 설명하며 모두 앞절에 쓰인다.

① 因为时间的关系，会议不能再开下去了。

② 由于时间的关系，会议不能再开下去了。

"因为" 와 "由于"의 중요한 차이점은 다음과 같다.

첫째, 각기 배합되는 어휘가 다르다. "由于"는 "因而", "因此", "以致" 등과 함께 사용할 수 있지만, "因为"는 이들과 함께 사용할 수 없다.

③ 由于受台风的影响，因而今明两天将有暴雨。

④ 因为受台风的影响，所以今明两天将有暴雨。

둘째, "因为"는 뒷절에 쓰일 수 있지만, "由于"는 오로지 앞절에만
쓸 수 있다.

⑤ 小王今天不能来了，因为(由于(×))他病了。

⑥ 这几天我非常忙，因为(由于(×))我正在准备考试。

셋째, "因为"는 주로 구어에서 사용하지만, "由于"는 서면어에서 더
많이 사용한다.

212

因为와 为了

"因为"와 "所以"가 복문을 구성하면 인과 관계를 나타낸다.
"为了"는 행위의 목적을 나타낸다.

"因为"가 원인과 이유를 나타낼 때 뒤에는 항상 관계사 "所以"가 따
라온다. "因为"는 일반적으로 앞절에 나오지만 뒷절에도 올 수가 있
으며 개사구를 구성할 수도 있다. "为了"는 동작이나 행위의 목적을
나타내는데, 일반적으로 개사구의 형태로 쓰인다.

다음 문장을 비교해보자.

① a : 因为北京大学是中国有名的大学，所以我打算去那儿
学习。

b : 为了学习汉语，我打算去北京大学。

② a : 因为我晚上有事，很抱歉，不能参加你的生日晚会。

b : 为了参加马丁的生日晚会，我不得不改变了原来的计
划。

③ a : 今天晚上我一定要复习课文，因为明天考试。

b : 为了准备明天的考试，今天晚上我必须好好复习。

213 不管과 尽管과 只管

첫째, 접속사 "不管"과 "无论"은 비슷하다. 앞절에서 "不管"을 쓰
면, 뒷절에서는 "都"나 "也"를 써야 한다.

▶ 不管 …… 都 / 也 ……

"不管"의 뒤에 쓰이는 어휘를 살펴보자.

[의문사 + 什么 / 谁 / 怎么 등]

① 不管我说**什么**，他都不相信。

② 不管我**怎么**修，那机器总也修不好。

[多么]

③ 不管雨下得**多么**大，他也一定会来的。

[동사 + 不 + 동사 / 부사 + 不 + 부사]

④ 不管来**不**来，你都要告诉我一下儿。

⑤ 不管他的话对**不**对，你都应该让他说完。

[…… 还是 ……]

⑥ 这件事不管对你**还是**对我，都是很重要的。

둘째, 접속사 "尽管"과 "虽然"은 비슷하다. 뒷절에는 "但是"나 "可是" 등을 사용한다.

▶ 尽管 …… 但是 / 可是 ……

"尽管" 뒤에는 의문사 "什么", "谁"나 "多么"가 오지 않으며, "동사不동사", "부사不부사", "…… 还是 ……" 등의 구문도 사용할 수 없다.

다음 문장을 비교해보자.

⑦ 不管雨下得**多么**大，他也一定会来的。

⑧ 尽管雨下得**这么**大，但是他还是来了。

⑨ 不管他的话对**不**对，你都应该让他说完。

⑩ 尽管他的话**不**对，可是你应该让他说完。

"尽管"에는 '상관없으니, 가서 마음 놓고 해도 된다' 는 뜻이 있는데, 이때 품사는 부사이며, "只管"으로 바꿔 말할 수도 있다.

- ▶ 尽管 1 = 虽然 (접속사)
- ▶ 尽管 2 = 只管 (부사)

① 如果你要我帮忙的话，尽管／只管说吧，别不好意思。
② 这几本词典都是我的，尽管／只管用。

不管 또는 尽管을 써서 빈칸을 채워봅시다.

1 ______ 前一天晚上睡得多晚，他早上总是六点钟准时起床。

2 ______ 前一天晚上睡得很晚，他早上六点钟还是准时起床了。

3 ______ 前一天晚上什么时候睡，他早上六点钟一定准时起床。

4 ______ 困难很大，但是他们最后还是完成了任务。

5 ______ 困难有多大，你们也一定要完成任务。

6 ______ 天热还是天冷，他都穿着一件毛衣。

214

"他一叫就来"의 의미

"他一叫就来"는 두 가지의 뜻이 있다.

먼저 아래의 네 가지 경우를 살펴보자.

첫째,

① 他一感冒就发烧。(他感冒, 他发烧)

② 他一说话就脸红。(他说话, 他脸红)

③ 他一看就明白了。(他看, 他明白了)

둘째,

④ 这书一看就懂。(…… 看这书, …… 懂)

⑤ 这种词典一印出来就卖完了。(…… 印词典, …… 卖词典)

⑥ 你的话一听就明白。(…… 听你的话, …… 明白你的话)

셋째,

⑦ 这辆自行车一骑就坏。(…… 骑这辆自行车, 这辆自行车坏)

⑧ 这门一推就开。(…… 推门, 门开)

⑨ 这种药一吃就见效。(…… 吃药, 药见效)

넷째,

⑩ 我一骑就坏了。(我骑……, …… 坏了)

⑪ 我一推就开了。(我推……, …… 开了)

⑫ 我一吃就见效。(我吃……, …… 见效)

그래서, "他一叫就来"는 두 가지의 뜻이 있다.

첫째, 他叫……, ……来 (앞의 넷째에 해당한다)

⑬ 我叫你不来, 他一叫就来。(我叫你, 你不来, 他叫你, 你来)

둘째, ……叫他, 他来 (앞의 셋째에 해당한다)

⑭ 他一叫就来, 所以大家都很喜欢他。(某人叫他, 他就来)

다음 예를 살펴보자.

⑮ 她朋友很伤心, 不停地哭, <u>她怎么劝也不听</u>。

(她劝她朋友, 她朋友不听)

⑯ 我们都没办法。<u>她怎么劝也不听</u>, 不停地哭。

(我们劝她, 她不听)

215

"下雨不去"의 의미

 "如果下雨，我就不去"를 구어에서는 "下雨不去"라고 말한다.

아래의 대화를 살펴보자.

   ① A：明天我们去公园玩，你去不去？

      B：不下雨就去，下雨不去。

여기에서 "不下雨就去，下雨不去"는 "如果不下雨，我就去；如果下雨，我就不去。"의 뜻이다. 구어에서 "如果"와 "就"는 말하지 않고 생략해도 된다.

   ② A：这张照片真漂亮！

      B：你喜欢，这张就送给你吧。

②에서 B의 뜻은 '만약 당신이 좋아한다면, 이 사진을 당신에게 주겠다' 는 의미이다. "如果"와 "就"뿐만 아니라, 다른 관련사도 생략이 가능하다.

   ③ 今天走明天走？

   = 今天走还是明天走？

   ④ 他有事不能来。

   = 他因为有事，所以不能来。

아래의 문장에서 A, B, C 중 무엇을 생략했는지 알아봅시다.

A. 如果 …… 就 ……

B. 即使 …… 也 ……

C. 因为 …… 所以 ……

1 A : 我们的座位是楼上3排12、14座。演员的脸看得清楚看不清楚?

B : <u>眼睛好看得清楚，眼睛不好看不清楚</u>。

2 A : 他怎么没来?

B : <u>他有病不能来了</u>。

3 A : 明天去不去?

B : 去。

A : 下雨呢?

B : <u>下雨也去</u>。

4 <u>再热下去我可受不了了</u>。

5 A : 我不想去。

B : <u>你不想去也得去</u>。

6 A : 你卖的瓜甜不甜?

B : 当然甜，<u>不甜不要钱</u>。

216

"谁知道"와 "谁都知道"

"谁知道"와 "谁都知道"의 뜻은 완전히 다르다.

"谁知道"와 "谁都知道"의 뜻은 완전히 다르다. "谁知道"는 의문문에 쓰이지만, "谁都知道"는 의문문에 쓰이지 않으며 '누구나 다 안다' 는 뜻이다.

①과 ②를 비교해보자.

    ① A : 你们谁知道这件事？

       B : 小王知道。

    ② A : 你们知道不知道这件事？

       B : 当然知道。这件事我们<u>谁都知道</u>。

"什么", "怎么", "哪", "哪儿"과 같은 기타 의문사들도 모두 이렇게 사용할 수 있다. 아래 문장들을 서로 비교해보자.

[什么]

    ③ A : 你早饭吃了什么？

       B : 我早饭吃了鸡蛋和面包。

    ④ A : 你早饭吃了什么？

       B : 我早饭<u>什么也没吃</u>。

[什么时候]

    ⑤ A : 你什么时候来？

　　　B：我明天来。

⑥ A：我今天去还是明天去？

　　　B：随便你，你<u>什么时候去都可以</u>。

[什么地方／哪儿]

⑦ A：你去过哪儿？

　　　B：我去过北京。

⑧ A：你去过哪儿？

　　　B：除了北京，我<u>哪儿也没去过</u>。

[怎么]

⑨ A：我们怎么去？

　　　B：我们坐公共汽车去。

⑩ A：我们骑自行车去还是坐公共汽车去？

　　　B：随便，<u>怎么去都行</u>。

[哪 + (一) + 양사 + 명사]

⑪ A：你喜欢哪一件？

　　　B：我喜欢这件红的。

⑫ A：你喜欢哪一件？

　　　B：<u>我哪件也不喜欢</u>。

A.		B.		
	谁		谁	
	什么		什么	+ ……都／也……
	怎么		怎么	
	哪		哪	
	谁来了？		谁都来了。	
	你爱吃什么？		我什么都爱吃。	
	你去过哪儿？		我哪儿都去过。	

<table>
<tr><td>我们怎么去？</td><td>我们怎么去都可以。</td></tr>
<tr><td>你喜欢哪件毛衣？</td><td>我哪件也不喜欢。</td></tr>
</table>

위의 표에서 A조는 질문으로, "谁", "什么", "怎么" 등을 묻는 것이지만, B조는 "每"나 "都"의 의미이다.

주의할 것은 B조에서 "谁", "什么", "怎么", "哪"는 모두 반드시 "都 / 也" 앞에 놓여야 한다는 것이다.

다음을 비교해보자.

A	B
这三个人你认识**谁**？	这三个人我**谁**也不认识。
你喜欢吃**什么**？	我**什么**都喜欢吃。

谁, 什么, 怎么, 哪, 哪儿을 써서 빈칸을 채워봅시다.

1 夜里如果停电的话，我们就 ______ 也看不见了。

2 除了北京以外，他 ______ 也没去过。

3 除了北京以外，他 ______ 地方也没去过。

4 除了北京以外，他 ______ 个地方也没去过。

5 这台电视机我 ______ 修也修不好，真是没办法。

6 我们几个眼睛都不太好，黑板上的字 ______ 也看不清楚。

217

"一个人也没来"와 "有一个人没来"

"一个人也没来"와 "有一个人没来"의 뜻은 완전히 다르다.

첫째, "有一个人没来"는 다른 사람은 모두 왔는데 단 한 사람만 오지 않았다는 뜻이다. "有一个……", "有两个……", "有三个……"와 같이 말할 수 있다.

① 有两位同学没来上课，其他同学都来了。

② 房间里有三个同学正在看书。

③ 教室里有一张桌子坏了。

앞에 "有"를 쓰는 이유는 "两位", "三个", "一张"이 가리키는 것이 불명확한 것이기 때문이다. 중국어에서는 모호하게 가리키는 것은 피하고 정확한 대상을 주어로 쓰는 경향이 있다. 만약 불특정한 것이 주어로 와야 할 때는 "有"를 앞에 넣는다.

둘째, "一个人也没来"는 모두 다 오지 않았다는 뜻이다.

一个人也没来 ＝ 连一个人也没来 ＝ 谁也没来 ＝ 都没来

④ 我昨天去他家，可是他们全家都出去了，一个也不在。

⑤ 今天早上我一洗完脸就去上课，一点儿东西也没吃。

⑥ 广东话我一句也听不懂。

 **아래의 문장을 一······ 也······ 문형으로 고쳐 써봅시다.**

예 这件事我们班的同学全都不知道。

　→这件事我们班的同学一个也不知道。

1　公共汽车全都没来。

　→ ____。

2　他不说话。

　→ ____。

3　我现在不累。

　→ ____。

4　我不喜欢这个电影。

　→ ____。

5　这些人我都不认识。

　→ ____。

6　我现在没有钱。

　→ ____。

218

"谁跟你说的"와
"好像谁跟我说过"

아래의 예문에서 의문사는 모두 의문을 나타낸다.

   ① 这件事是**谁**跟你说的？

   ② 跟客人一起吃饭的时候，主人该说点**什么**呢？

   ③ 我们在**什么**地方见面？

   ④ 你**哪**天有空儿？

그러나, 아래의 예문에서 의문사는 모두 의문을 나타내지 않는다.

   ⑤ 这件事好像**谁**跟我说过。

   ⑥ 跟客人一起吃饭的时候，主人总得说点儿**什么**。

   ⑦ 我们是不是以前在**什么**地方见过面？

   ⑧ 你**哪**天有空了就到我家来玩吧。

위의 예문 ⑤～⑧에서 의문사는 모두 "某个(어떤)"의 뜻이다. 화자가 말하고자 하는 것이 정확하게 생각나지 않거나 구체적으로 어떻게 말해야 할지 모르기 때문에 의문사를 써서 대신하는 것이다. 예문의 의미를 풀어 말하면 다음과 같다.

   ⑤′ 这件事好像某个人跟我说过，可是我忘了是谁跟我说的。

   ⑥′ 跟客人一起吃饭的时候，主人总得说一些话。

   ⑦′ 我们是不是以前在某个地方见过面？

   ⑧′ 你有空儿的时候就到我家来玩吧。

219

"我也没办法"와 "我也没什么办法"

 "我也没办法"와 "我也没什么办法"는 같은 뜻이다.

아래 두 예문의 의미는 분명 다르다.

① 你有什么问题？

② 你有什么问题吗？

앞의 예문은 문제가 무엇인지를 물어보는 것이고, 뒤의 예문은 문제가 있는지 없는지를 물어보는 것이다. 따라서 "你有什么问题吗?"는 "你有问题吗?"와 같다. "你有什么问题吗?"에 대한 대답을 할 때, 대답이 부정적인 것이면, "我没有什么问题"라고 말할 수 있는데, 이는 "我没有问题"의 뜻과 같다.

③ A : 你有什么问题吗？

　　B : 我没什么问题。

그래서, 다음과 같이 말할 수도 있다.

④ 我也没什么办法。

⑤ 我现在不想吃什么东西。

⑥ 我不买什么东西。

⑦ 我在那儿没看到什么人。

⑧ 你去的时候不用带什么东西。

220

"他比我高一点儿"

문장 구조의 단계에 주의해야 한다.

먼저 아래의 예문을 살펴보자.

① 他在看我的照片。

"他"는 무엇을 보고 있는가? "看我"인가, "看照片"인가? 대부분 "看照片"이라고 답하지, "看我"라고 대답하지는 않을 것이다. 옳은 대답이다. 여기서 "看"과 "我"는 비록 나란히 붙어 있지만, 직접적인 관계는 없다.

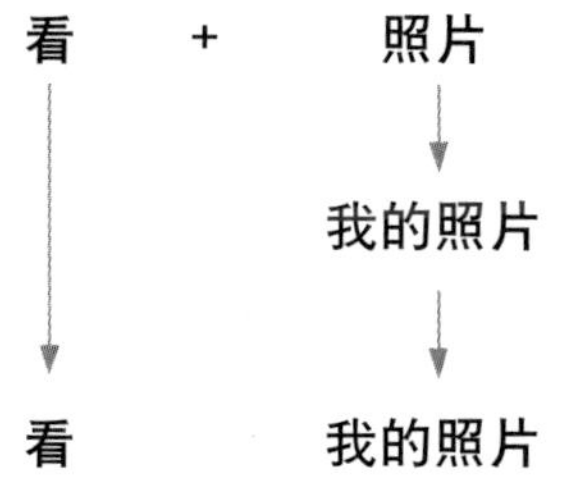

그래서 "看我的照片"은 看 + 我的照片 이지, 看我 + 的照片 이 아니다. 나란히 붙어 있는 단어라고 뜻도 반드시 직접적인 관계가 있다고 할 수는 없는 것이다.

다시 아래의 예문을 비교해보자.

② 我高一点儿。

③ 他比我高一点儿。

②에서 "我"와 "高一点儿"은 물론 관계가 있지만, ③의 "我"와 "高一点儿"은 직접적인 관계가 없다. "我"는 "比"와만 관계가 있다.

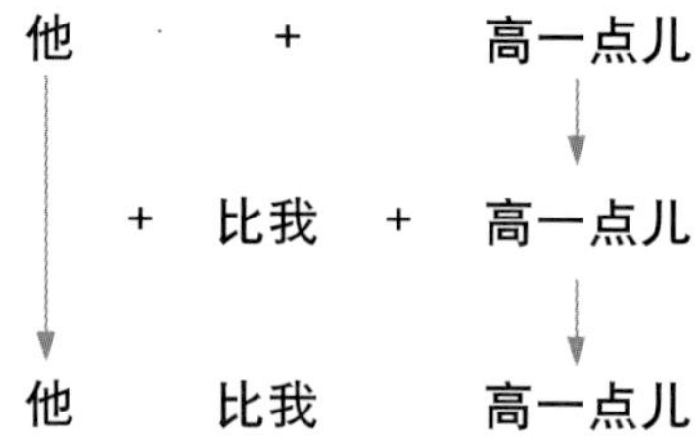

그래서, $他 + 比我 + 高一点儿$ 이지, $他比 + 我高一点儿$ 이 아니다. 이제 "他比我高一点儿"이 누구 키가 크다고 설명하는 문장인지 분명히 알 수 있게 되었다. 답은 당연히 "他高"이다.

④의 공란에 a, b 중 어느 것이 적당한지 생각해보자.

    ④ 我们八点 ______ 课。

      a 钟　b 上

만약 a를 골랐다면 틀렸다. 물론 "八点钟"이라고 말할 수도 있고, "八点"이라고 말할 수도 있다. 그러나 ④에서는 $八点钟 + 课$ 가 아니고, $八点 + 上课$ 가 되어야 한다. 따라서 위의 예문에서는 "钟"은 없어도 되지만, "上"은 반드시 있어야 하는 것이다.

다음 "你写错字了"는 두 가지 방법으로 읽을 수 있다.

    ⑤ 你写错 ‖ 字了。

    ⑥ 你写 ‖ 错字了。

⑤에서는 "错"가 "写"의 결과보어이고, ⑥에서는 "错"가 "字"의 한정어가 된다. 읽는 방법에 따라 문장의 뜻도 달라지므로, 문장에서 보어는 반드시 앞의 문장이나 어구와 함께 이어서 읽어야 한다.

1. 아래 문장의 뜻을 알아봅시다.

1 我爸爸今年五十岁，我妈妈比我爸爸大一岁。

我妈妈今年多大？

A 四十九岁　　　　B 五十一岁

2 我喝好咖啡就去上课。

"喝好咖啡"的意思是：

A 喝好的咖啡　　　B 喝完咖啡

3 这种咖啡味道不好，我不要喝。我要喝好咖啡。

"喝好咖啡"的意思是：

A 喝好的咖啡　　　B 喝完咖啡

4 他把我打了一顿。

谁打谁？

A 他打我　　　　B 我打他

5 他正在为参加HSK考试认真复习。

他正在干什么？

A 正在参加考试　　　B 正在认真复习

2. 단어를 선택하여 문장의 빈칸을 채워봅시다.

1 我们坐在汽车里 ＿＿＿＿ 外看。(面，往)

2 厂里最近造了两 ＿＿＿＿ 工人宿舍。(位，幢)

3 房间里放着一 ＿＿＿＿ 书桌。(本，张)

221

"他是我的朋友，他是美国人，他现在在上海工作"는 좋은 문장일까?

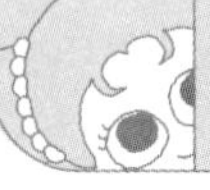 중국어에서는 종종 생략하는 경우가 있다.

다음 문장을 비교해보자.

① 他是我的朋友，他是美国人，他现在在上海工作。

② 他是我的朋友，美国人，现在在上海工作。

①과 ②는 같은 뜻의 문장이지만 ②가 더 좋은 문장이다. ②에서는 "他"를 단 한 번만 쓰고 중복하지 않았다. 중국어에서는 종종 이렇게 생략을 하는 경우가 있다.

첫째, 대화문에서 자주 생략한다.

③ A : 去哪儿？(← 你去哪儿？)

　　B : 北京。(← 我去北京。)

④ A : 谁是你同屋？

　　B : 王英。(← 王英是我同屋。)

⑤ A : 你弟弟什么时候来？

　　B : 明天。(← 我弟弟明天来。)

둘째, 주어가 같은 복문에서 생략한다.

⑥ 这个地方很安静，离市区也不太远，真不错。

　　(← 这个地方很安静 ＋ 这个地方离市区也不太远 ＋ 这个地方真

不错)

⑦ 吃了饭，又看了一会儿电视，他就上床睡觉了。

（← 他吃了饭 ＋ 他看了一会儿电视 ＋ 他上床睡觉了）

⑧ 她买了一件毛衣，放在床上，丈夫看见了，说挺漂亮。

（← 她买了一件毛衣 ＋ 她把毛衣放在床上，她的丈夫看见了毛
衣 ＋ 她的丈夫说毛衣很漂亮）

222

"一条河在我家前面"일까, "我家前面有一条河"일까?

我家在郊区，一条河在我家前面，一个小山在我家后面，一个学校在我家东面，一个……。(×)

만약 집의 앞·뒤·좌·우에 무엇이 있는지 소개하라면 다음 중 어떻게 말하는 것이 좋을까?

　　a： 我家在郊区，一条河在我家前面，一个小山在我家后面，
　　　　一个学校在我家东面，一个……

　　b： 我家在郊区，河在我家前面，小山在我家后面，学校在
　　　　我家东面……

　　c：我家在郊区，前面有一条河，后面有一个小山，东面有一
　　　　个学校，……

a나 b처럼 말해서는 안 되고, c처럼 말하는 것이 좋은데, 그 이유는
다음과 같다.

첫째, 동사의 앞에 놓이는 단어는 모두 특정한 것이어야 한다. 위의
“一条河”, “一个小山”, “一个学校” 등은 모두 불특정한 것이므로
문장 앞에 올 수 없다. 따라서 a는 틀렸다.

둘째, 모두가 이미 알고 있는 사실을 먼저 말하고, 새로운 내용이나
새로운 소식은 그 다음에 말한다.

▶ 오래된 소식 → 새로운 소식

“河”, “山”, “学校”는 모두 상대방이 모르는 것이기 때문에 문장의
뒤에 놓아야 한다. 따라서 b처럼 말해서는 안 되는 것이다.

셋째, 이 문장은 “我家”를 소개하는 것이기 때문에, “我家”가 화제
의 중심이 된다. 화제의 중심은 당연히 문장의 앞에 놓아야 한다. “我
家…… 我家前面…… 我家后面…… 我家东面……”이라고 말해야
하는데, 뒤의 “我家”는 생략해야 좋은 문장이 된다.

223

"我买的那束花儿，他很喜欢"에서는 왜 的를 쓰고 了를 쓰지 않을까?

때로는 목적어를 문장의 앞에 놓아 화제의 중심 역할을 하게 하기도 한다.

아래의 예문을 비교해보자.

① 我买了一束花儿，他很喜欢。

② 我买的那束花儿，他很喜欢。

①에서는 "了"를 쓰고 ②에서는 "的"를 썼다. ①에서는 "一束花儿"이 되고 ②에서는 "那束花儿"이 되는 것에 주의해야 하는데, 그 이유는 다음과 같다.

①은 두 개의 짧은 문장으로 이루어졌다.

　　A 我买了一束花儿 + B 他很喜欢(那束花儿)

②는 실질적으로는 하나의 문장일 뿐이다.

　　他很喜欢　我买的那束花儿

②에서 "我买的那束花儿"은 목적어일 뿐 독립된 문장이 아니나. "我买"는 한정어이므로 "了"를 쓰지 않고 "的"를 쓴 것이다.

중국어에서는 때때로 목적어를 주어의 앞에 놓을 수 있다.

　　③ 这个人你认识 △ 吗？

여기서 목적어인 "这个人"은 화제의 중심이 된다. 앞에 놓인 목적어
는 구체적이고 분명한 것이어야 한다.

    ④ <u>这本书</u>我看过，<u>那本书</u>我没看过。

    ⑤ <u>你的词典</u>我可以用一下吗？

화제가 비구체적인 모호한 것이어서는 안 된다.

    ⑥ 一本词典我想买。(×)

비구체적일 경우에는 다음과 같이 말해야 한다.

    ⑦ 我想买一本词典。

그리고 앞의 말을 이어 계속 말할 때는 종종 목적어를 앞에 놓는다.

    ⑧ A：我有一个<u>同屋</u>。

       B：<u>你同屋</u>我见过 △ 。

    ⑨ A：我想去买一张<u>北京地图</u>。

       B：<u>北京地图</u>我有 △ ，送给你吧。

    ⑩ 我昨天在花店买了<u>一束花儿</u>。

    <u>我买的那束花儿</u>，他很喜欢 △ 。

224

老王, 小王이라고 부르는데 왜 王이라고 부르면 안 될까?

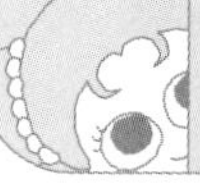

这是我的朋友王，这是我的朋友李。(×)

만약 친구 성이 "王"이라면, 그를 다음과 같이 부를 수 있다.

小王　　　老王　　　王先生　　　王小姐　　　王阿姨

王伯伯　　王师傅　　王经理……

그러나 그냥 "王"이라고 부를 수는 없다.

① 王, 你好！(×)

그런데, 친구의 성이 "欧阳"이나 "诸葛"처럼 복성이라면 그를 "欧阳"이나 "诸葛"로 불러야지 "小欧阳"이나 "老欧阳"처럼 부를 수는 없다. "王"은 단음절이기 때문에 "小"나 "老"를 붙여서 복음절로 만들어야 하지만 "欧阳"은 복음절이므로 "老"나 "小"를 덧붙일 필요가 없기 때문이다. 중국어에서는 종종 복음절 단어나 어구를 즐겨 쓰지만, 단음절이나 3음절은 꺼리는 경우가 많다.

② 他在日本工作。

③ 他在德国工作。

②에는 "国"라는 글자가 없지만 ③에는 "国"라는 글자가 있다. "他在日本国工作"라고도 말할 수 있지만, 보통 "日本"이라고 말하지 "日本国"라고 말하지는 않는다. 그렇다고 "德国"를 그냥 "德"라고

만 할 수는 없다.

> ④ 他在德工作。(×)

다시 비교해보자

> ⑤ 桌子上放着一本书。

> ⑥ 桌上放着一本书。

> ⑦ 房间里放着一张桌子。

> ⑧ 房间里放着一张桌。(×)

⑤의 "桌子上"이 ⑥의 "桌上"으로 바뀐 것처럼, 2음절로 바뀐 것은 문제가 없지만 ⑦의 "桌子"를 ⑧의 "桌"로 바꾼 것처럼 2음절을 단음절로 바꾸는 것은 불가능하다.

225 昨夜의 의미

"昨天夜里"는 "昨夜"로 줄여 말할 수 있다.

"昨夜"는 "昨天夜里"를 줄여 말한 것이다.

> ① 我昨夜一直没睡。

"昨夜"는 주로 서면어에 많이 쓰인다. 회화체에서는 보통 "昨天夜里"라고 말하는 것이 더 분명하지만 쓸 때는 "昨夜"라고 쓰는 것이 더 편하다. 그러나 다음과 같이 써서는 안 된다.

> 昨天夜里 →　昨天夜 (×)
>
> 　　　　　→　昨夜里 (×)

다음과 같이 써야 한다.

> 昨天夜里 →　昨夜

또 다른 예를 들면,

> ② 我有的时候不去上课。
>
> ③ 我有时候不去上课。
>
> ④ 我有时不去上课。

"有的时候 = 有时候 = 有时"는 성립되지만 "有候"라고 말할 수는 없다.

몇몇 단어들의 경우 말할 때는 여러 음절로 말하지만 쓸 때는 한 글자로만 쓸 수도 있다.

> ⑤ 已经写了一些，**但**未写完。(但 = 但是)
>
> ⑥ **如**天好，我将去。(如 = 如果)
>
> ⑦ 考试**时**，请勿谈话。(…… 时 = …… 的时候)

226

口와 嘴巴, 日와 太阳

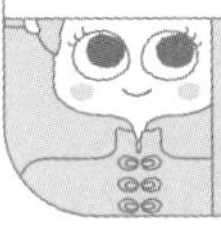

어떤 글자는 단음절로 단어가 되지만, 어떤 글자는 단음절로는 단어가 될 수 없다.

이제 막 중국어를 공부하기 시작한 학생에게 "吃"라는 글자를 가르칠 때는 "吃"의 좌측에 있는 것은 "口"이며, "口"는 바로 입의 뜻인데 무언가를 먹을 때는 '입(口)'을 사용해야 하므로 "吃"의 부수는 "口"라고 말해주는 것이 좋다. "明"이라는 글자를 가르칠 때는, "明"의 좌측에 있는 것이 "日"인데, "日"는 '태양'이기 때문에 '밝다(明亮)'는 뜻을 갖게 되었다.

"嘴巴"와 "太阳"을 배우고 그 뜻 역시 '입'과 '태양'임을 알게 되면, "口＝嘴巴, 日＝太阳"이라고 생각하기 쉬우므로 작문을 할 때 주의해야 한다.

① 请张大口。(×)

② 今天没有日。(×)

다음과 같이 말해야 한다.

③ 请张大嘴巴。

④ 今天没有太阳。

왜 "口≠嘴巴, 日≠太阳"일까? 이는 옛사람들과 현대인의 말하는 방법이 다르기 때문이다. 옛사람들은 '입'을 "口"라고 말했지만 지금은 "嘴巴"라고 한다. 또 옛사람들은 '태양'을 "日"라고 말했지만 지금은 "太阳"이라고 한다.
그렇다고 "口"와 "日"가 쓸모없는 죽은 단어라는 말은 아니다.

첫째, 여러 글자의 일부분으로 아직 활용하고 있다. 현재 사용하고
있는 글자 "吃", "喝", "吗", "明", "照", "昨", "时"에는 모두 "口"
나 "日"가 들어 있다.

둘째, 단어의 일부분으로도 활용하고 있다. "胃口", "人口", "口
语", "口令", "今日", "生日", "日子", "日历" 등에 "口"와 "日"가
있다. 다만 "口"와 "日"를 단독으로 쓰지 않을 뿐이다. "口"와 "日"
의 뜻을 알고 있다면 "口"와 "日"가 포함된 글자나 단어를 이해하고
기억하는 데 도움이 될 것이다. 이러한 예문은 아주 많으므로 중국어
를 학습할 때 반드시 주의해야 한다.

227

贵姓의 姓과 高兴의 兴은 동음자이다.

중국어에는 **同音字**(동음자)가 있다.

한자는 글자마다 모두 뜻이 있다. 어떤 단어는 "好", "高"처럼 한 글자로 이루어져 있고 어떤 단어는 "朋友", "老师"처럼 두 글자로 이루어져 있다. 여기에서 "朋", "友", "老", "可"는 모두 각각의 뜻이 있다. "姓(xìng)"과 "兴(xìng)"도 각기 다른 뜻을 가진다. 이처럼 독음은 같으나, 쓰는 방법이 다른 글자를 "同音字(동음자)"라고 부른다.

중국어에는 많은 동음자가 있다. 예를 들어 "颜", "言", "研", "盐", "严", "沿" 등은 모두 "yán"으로 읽는다. 하지만 그냥 "yán"이라고만 말하면 대부분의 사람들은 알아듣지 못하고, "什么 yán?" 하고 되묻는다. 이때는 "颜色"의 "颜"이라고 하거나, 혹은 "语言"의 "言"이라고 설명해주어야 한다.

① A：你叫什么名字？

　B：我叫严友，严格的严，朋友的友。

한자를 배우고 연습할 때는 단어를 만들어보는 것이 좋다.

　严＿＿＿＿　言＿＿＿＿

"严"으로 "严格", "严密", "严肃" 등의 단어를 만들 수 있고, "言"은 "语言", "方言" 등의 단어를 만들어볼 수 있다. 글자 하나로 관련 단어를 만들어보는 연습은 한자 학습과 어휘력 증강, 그리고 정확한 단어 뜻 구별에도 도움이 된다.

 **빈칸을 채워 단어를 만들어봅시다.**

半＿＿＿＿　　変＿＿＿＿　　名＿＿＿＿　　里＿＿＿＿

办＿＿＿＿　　遍＿＿＿＿　　明＿＿＿＿　　理＿＿＿＿

新＿＿＿＿　　雨＿＿＿＿　　在＿＿＿＿

心＿＿＿＿　　语＿＿＿＿　　再＿＿＿＿

已＿＿＿＿　　青＿＿＿＿

以＿＿＿＿　　轻＿＿＿＿

228

地의 발음법

 중국어에는 **多音字**(다음자)가 있다.

"地"는 [dì] 라고 읽을 수도 있고, [de]라고 읽을 수도 있다. 때로는
[dì] 로, 때로는 [de]로 읽는다.

　① 你住在什么地方(dìfang)？

　② 他慢慢儿地(mànmānrde)过来了。

하나의 글자가 여러 음으로 읽힐 경우, 이를 "多音字(다음자)"라고
한다. 같은 글자라도 어떤 문장 속에서 어떤 역할을 하느냐에 따라

다른 음으로 읽히기도 한다.

아래 "都"의 경우를 살펴보자.

③ 他们都(dōu)来了。

④ 北京是中国的首都(shǒudū)。

짙게 표시된 글자의 한어병음과 성조를 적어봅시다.

1 作为一个学生，就**得**好好学习。

2 因为他们俩**长得**很像，我常常分不清谁是哥哥谁是弟弟。

3 经过**长**时间的努力学习，他终于取**得**了 HSK 八级证书。

4 只要一听音**乐**，他就快**乐**起来了。

5 请你**数**一下人**数**。

6 这儿的春天**和**冬天都很暖**和**。

7 动物园里**只**有一**只**熊猫。

8 我们一定**要**尽力满足顾客的**要**求。

9 这个地方交通很方**便**，东西也很**便**宜。

10 他骑自**行**车去银**行**。

11 你在**干**什么？

12 屋里真**干**净！

13 别**着**急，车马上就来。

14 外面下**着**雨呢。

15 这位**教**师**教**得很好。

임승배(林承坯)
· 성균관대학교 중어중문학과 졸업
· 대만국립사범대학 국문연구소 석사
· 대만국립사범대학 국문연구소 박사
  현재 원광대학교 중어중문학과 교수

중국어 함정 228

초판 발행 · 2001 년 10 월 15 일
1 판   4 쇄 · 2006 년 10 월 15 일
편저자 · 叶盼云 , 吴中伟
옮긴이 · 임승배
펴낸이 · 엄호열
펴낸곳 · (주)시사중국어사
등록일자 · 1988 년 2 월 13 일
등록번호 · 제 1-657 호
주소 · 서울시 종로구 원남동 4-1
TEL 745-9594   FAX 3671-0500
홈페이지 http://www.chinasisa.com

· 펴낸이의 사전 서면 허락 없이 이 책의 전부 혹은 일부의
  복사 · 복제 · 전재 및 자기 광기록 매체에의 입력을 금합니다.
· 잘못된 책은 구입하신 서점이나 본사에서 바꿔 드립니다.
· 정가는 표지에 표시되어 있습니다.

北京语言文化大学 라이센스 독점 출판
© 1999 叶盼云 , 吴中伟
『外国人学汉语难点释疑』

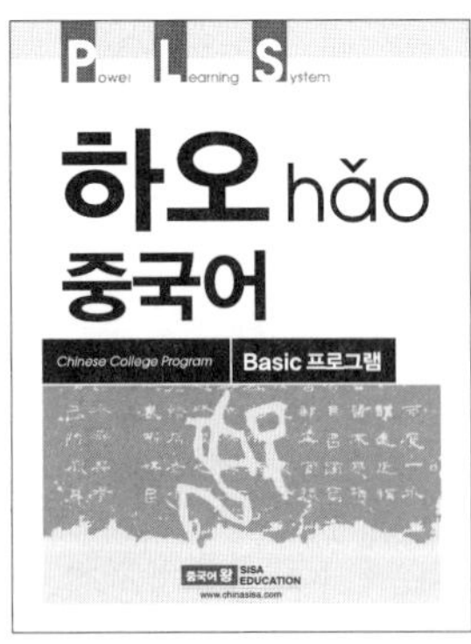

초보자를 위한 최고의 교재!

하오 hǎo 중국어

'중국어' 라는 산을 넘는 가장 좋은 방법!
단계별로 따라오시면 실력이 쑥쑥!
동영상강의와 함께 완벽 중국어 완성

완벽한 구성, 물샐 틈 없다!

- **새단어** : 난이도별 꼭 외워야할 단어 20개
- **본문** : 아주 쉽고 기본적인 실용회화
- **주석** : 자세하고 친절한 설명
- **어법** : 문장에서의 뜻과 기능 설명 중점
- **발음** : 기본적인 발음 연습 집중
- **연습문제** : 듣기, 말하기, 읽기, 쓰기 골고루

특별가 12,000원 교재+리스닝CD+단어훈련장 포함

하오중국어는 시사중국어학원의 하오중국어 특별과정의
교재로, 시사중국어학원의 강의를 들을 수 없는 분들을 위해
동영상 강의(www.chinasisa.com)를 개설하였습니다.

내 입에 똑똑 떠먹여 주는 속시원한 문법책

왜? 라는 질문에 속시원히 답해주는
중국어문법책

술술 읽기만 하면 중국어 문법 해결

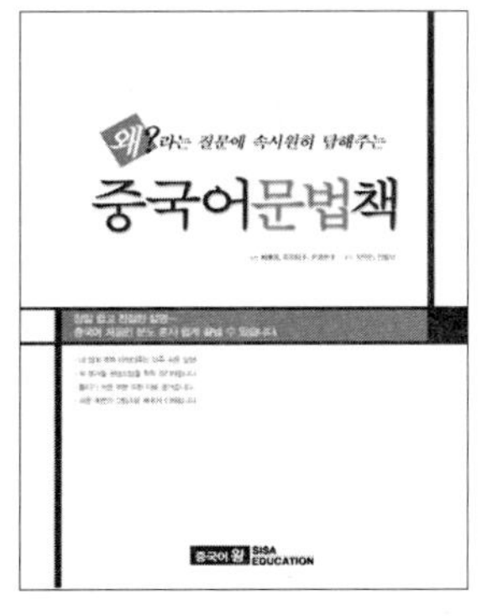

중국어를 공부하다 보면 꼭 부딪히는 '왜 그럴까?' 하는 의문들,
이 책은 그런 의문들을 우리 식으로 아주 쉽게 설명했습니다.
중국어 처음 시작하는 분도 편하게 공부하실 수 있도록
단어, 문장마다 뜻을 풀어놓아 사전 찾는 수고를 덜었습니다.
맨처음 성조와 병음부터 시작해 중국어에서 꼭 알아둘 문법을
이해하기 가장 자연스러운 순서로 착착 정리해 놓았습니다.
암기해야 할 사항은 외우기 편하게 도표로 정리해 두었고
우리 말과 달라 틀리기 쉬운 부분 또한 따로 정리했습니다.
느낌까지 흡수할 수 있도록 그림과 예문을 풍부하게 넣었고
쉽게 잘 정리되어 있어 예습, 복습용으로도 편리합니다.

값 12,000원

검인정 중국어 교과서의 저자 **정의원 교수** 편저

Vocabulary
HSK8822 갑

"HSK가 이렇게 쉬웠나?"
요다음 시험엔 깜짝 놀라실걸요

전 EBS 강사
검인정 중국어교과서 저자
정의원 교수

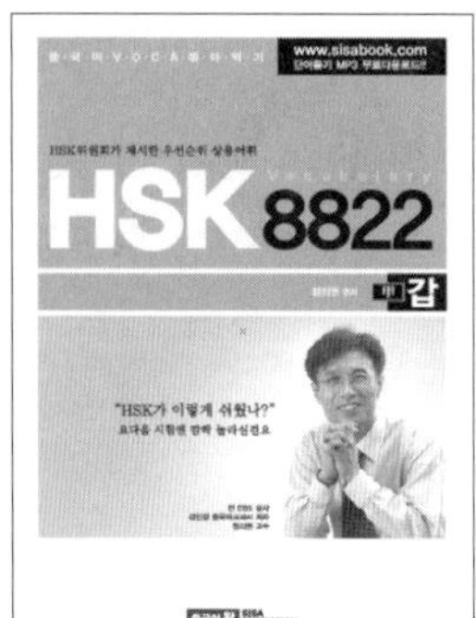

■ HSK 위원회가 제시한 우선 순위 상용 어휘만 뽑았다!
■ 단원별 HSK 테스트로 실전 감각을 익힌다!
■ 헷갈리기 쉬운 어휘, 확실하게 정리한다!
■ 한어병음 순서 배열로 단어를 쉽게 찾는다!
■ 발음듣기용 MP3 무료 다운로드

값 17,000원

중고급 독해, 40과로 쉽게 끝내드립니다!

북경대
中级汉语精读教程

중 • 급 • 한 • 어 • 정 • 독 • 교 • 정

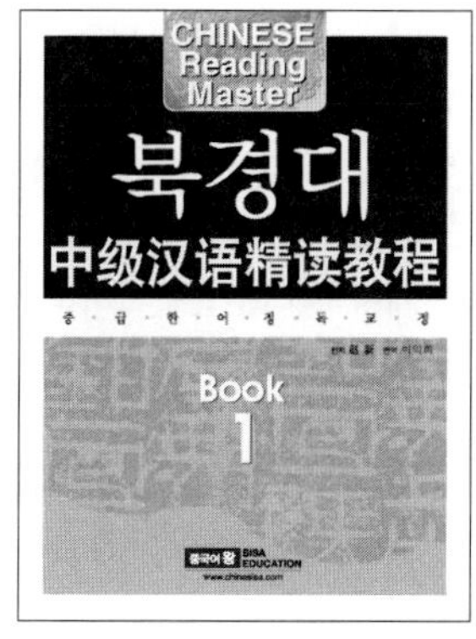

**중/고급 독해실력 높이실 분,
HSK 등 시험독해 준비하시는 분,
40과로 쉽게 끝내드립니다!**

통신보도문, 수필, 소설, 과학논문 등에서 골라 뽑은
다양한 내용들 — 점차 난이도를 높이는 방식으로
중고급 독해실력을 1, 2권 두 권으로 끝내드립니다.

매 과마다 HSK와 같은 형태의 연습문제를 수록,
8가지 이상의 다양한 문제유형과 주객관식 풀기 등
HSK는 물론 각종 시험에 철저하게 대비합니다.

본교재 1,2권 각9,800원 / 번역판 무료증정

왕초보도 그림보며 쉽게 말하는

북경어언
看图说话
중국어회화

칸 투 수어 화

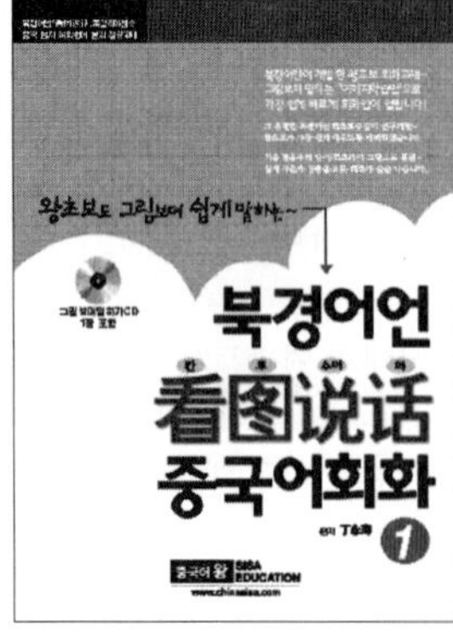

**그 유명한 북경어언의 새로운 회화교재
그림보며 회화 훈련하는 이미지 학습법**

학습자의 잠재기억력을 개발하는데 효과적이며
생동감 넘치는 만화로 흥미롭게 배울 수 있습니다.

맨 처음 발음부터 회화까지 단숨에 완성!

그림보며 발음하기 ➜ 그림보며 단어(동작) 말하기 ➜
그림보며 회화하기를 따라해 보세요!

이 교재는 총 30과로 되어 있어
회화수업으로 커리큘럼 짜기가 편리합니다.

본교재 1,2권 각 8,000원(1권－CD 1장, 2권－CD 2장 포함)